spielen · denken · lernen

GO FÜR EINSTEIGER

Gunnar Dickfeld

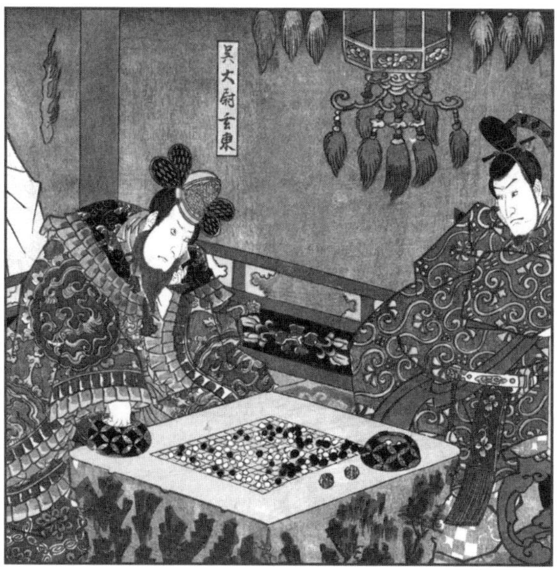

Zur Einstimmung

Go ist ein asiatisches Strategiespiel. Seit rund viertausend Jahren fasziniert und begeistert es die Menschen. Go ist eines der ältesten und am meisten gespielten Spiele weltweit. Es schult Kreativität, Intelligenz und Charakter.

Im Go-Spiel geht es nicht darum, den Gegner zu vernichten oder die gesamte Spielfläche zu beherrschen. Ganz im Gegenteil: Go verlangt einen maßvollen Kampfeswillen. Egoistisches Besitzstreben steht dem Erfolg beim Spiel entgegen.

Das Erlernen der Go-Regeln bedarf nur weniger Minuten. Die Regeln sind einfach und das Spiel ist leichter als Schach. Go bietet jedoch unermesslich viele Variationsmöglichkeiten.

Je mehr man über Go lernt, umso deutlicher erkennt man die Tiefgründigkeit des Go-Spiels. Mit reinem Auswendiglernen von Mustern und Spieltechniken kommt man im Go nicht zum Ziel.

„Go für Einsteiger“ ist deshalb kein klassisches Lehrbuch, sondern vielmehr eine Einladung, in die spannende Welt eines vielschichtigen Spiels einzutauchen. Lesen Sie dieses Buch Schritt für Schritt, soweit Sie den Anleitungen folgen können. Nehmen Sie dann ein Spielbrett und Steine und spielen erst einmal einige Partien. Sie werden sehen, dass sich die Regeln dann viel leichter ergründen lassen.

Sobald Sie das Gelesene ausprobiert haben, schauen Sie wieder in das Buch, lesen ein Stück weiter und spielen von neuem. Lassen Sie sich nicht entmutigen, wenn Sie verlieren. Sehen Sie jede Partie als eine Chance, zu wachsen. Übung macht auch im Go den Meister.

Ich wünsche Ihnen viel Freude beim Spielen,
Ausprobieren und Lernen.
Gunnar Dickfeld

Bibliografische Information der Deutschen Nationalbibliothek
Die Deutsche Nationalbibliothek verzeichnet diese Publikation in der Deutschen Nationalbibliografie; detaillierte bibliografische Daten sind im Internet über http://dnb.d-nb.de abrufbar.

ISBN 978-3-940563-40-8

2. überarbeitete Auflage

Brett und Stein Verlag

Umschlagvorderseite:	Japanischer Holzschnitt,
	Dr. Erwin Gerstorfer, Regensburg
Illustrationen:	Günter Cießow, Berlin, S. 7, 33, 55, 83, 99

Printed in Hungary

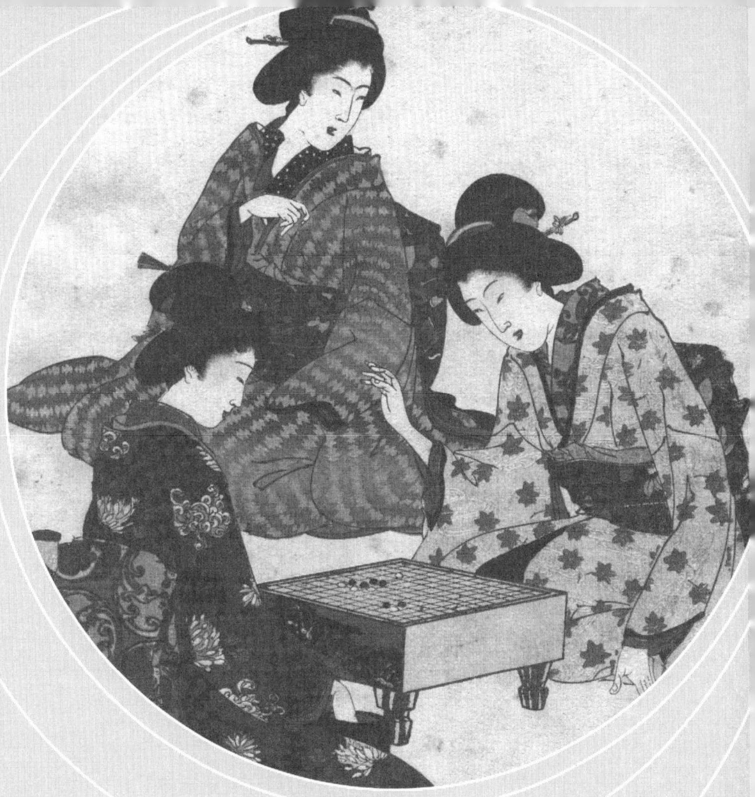

Kapitel Eins
Vor dem Spiel

Die Regeln des Go-Spiels sind – wie dieses Kapitel zeigt – ganz einfach, doch um das Spiel zu meistern, reicht ein Menschenleben nicht aus. Go beruht auf zwei Grundprinzipien: der Entwicklung des eigenen Charakters und der Veranschaulichung des Wettstreits zweier Elemente. Die im Daoimus verwurzelten Elemente Yin und Yang agieren als treibende Kräfte auch auf dem Go-Brett. Daraus erwächst die erstaunliche Vielfalt des Go.

Einmaleins für Go-Einsteiger

Im Westen sehen viele das Go-Spiel bis heute als geheimnisvoll und exotisch an. Mit Büchern wie die „Go-Spielerin“ von Shan Sa (Piper, 2002) und „Meijin“ von Kawabata Yasunari (Brett und Stein, 2015) gelangte es zu großer Bekanntheit.

Aber auch in Filmen wie „A Beautiful Mind“ wird das Go als exotischer und rätselhafter Beitrag gezeigt. Go fungiert in diesen Werken als komplexe Metapher für menschliche Konflikte. Schon im ersten Kapitel dieses Buchs erfahren Sie, wie beliebt Go weltweit ist, welche Gründe es dafür gibt und wie Go gespielt wird.

Spiel des Umschliessens und Umzingelns

In China heißt das Go-Spiel seit je her Weí qí – Spiel des Umschließens und Umzingelns. Ziel ist es, möglichst viele und große Flächen des Spielfelds mit den eigenen Spielsteinen einzukreisen und zu umschließen. Sieger ist, wer am Ende der Partie die größere Fläche eingeschlossen hat (siehe Grundregeln I und II).

Man kann sich das wie die Aufteilung eines Stücks Land unter zwei Bauern vorstellen: Zuerst werden entlang der geplanten Grundstücksgrenze die Zaunpfähle gesetzt und danach wird der Zaun von Pfahl zu Pfahl gezogen. Wer sich auf diese Weise das größere Stück Land gesichert hat, geht als Sieger hervor. Da wir das Spiel heute unter seinem japanischen Namen Go kennen, wollen wir im Folgenden diesen Namen beibehalten.

Die Kunst des Kriegs

Gesicherte Hinweise auf die Existenz des Spiels sind rund 2500 Jahre alt und stammen aus der Zeit der Streitenden Reiche, als Chinas Könige sich unnachgiebig bekriegten. Aus diesen Quellen geht hervor, dass das Go-Spiel heute etwa 4000 Jahre alt sein muss. Man nimmt an, dass die Spielsteine bereits weit vor dieser Zeit dazu verwendet wurden, die Aufstellungen der Armeen nachzustellen und daraus Taktiken und Strategien für die bevorstehenden Kämpfe und Kriege zu entwickeln.

Das Umzingeln des Gegners führte zu seiner Kapitulation, das Umschließen und Absichern von neuen Territorien zur Vergrößerung des eigenen Königreichs.

Daraus entwickelte sich das Spiel des Umschließens und Umzingelns. Es spiegelte den realen Kampf der Reiche wider, das Spielfeld als Karte der umstrittenen Region, die Steine als Städte, Dörfer, Bauern oder Soldaten. Länder wurden erobert, Städte und Dörfer errichtet und verteidigt. Und da wo die Steine aufeinander trafen, kam es zu Kämpfen, wie sie Soldaten auf dem Schlachtfeld führen. Das Spiel war daher unter Generälen und Strategen beliebt und verbreitet. Man studierte und untersuchte beim Go spielen die Gleich- und Ungleichgewichte der königlichen Ressourcen und Armeen und prüfte, wie sich Entscheidungen auf Krieg und Frieden auswirken würden.

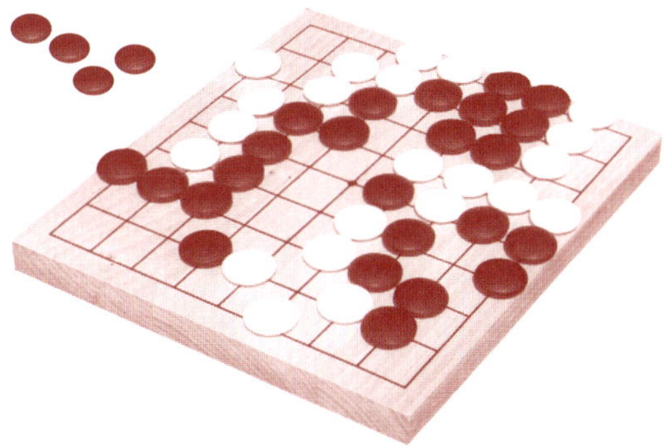

Das Spielfeld

Im Go-Spiel geht es um das Umschließen von Gebieten, wobei das Spielfeld die zwischen den weißen und schwarzen Steinen zu verteilende Fläche darstellt. Das Brett zeigt 19 waagerechte und senkrechte Linien, die ein Gitternetz ergeben. Auf dem Brett sind neun Punkte besonders markiert, die man als Sterne, Hoshi, bezeichnet. Der Mittelpunkt heißt Tengen, was die Mitte des Himmels bedeutet.

Das 19x19-Spielfeld ist die reguläre Größe. Auf einem Brett dieser Größe wird bei Turnieren gespielt. Aber es gibt auch kleinere Spielfelder: 13x13 und 9x9. Diese haben den Vorteil, dass sie nicht zu groß und unübersichtlich sind. Außerdem sind die Partien auf kleineren Brettern kürzer. Die Regeln sind auf allen Brettgrößen gleich. Die großen Bretter bieten allerdings bei der Umsetzung von Spielideen und Konzepten deutlich mehr Spielraum. Für Anfänger und Lernende jedoch sind sie in der Regel noch zu unüberschaubar. Falls Sie schon ein 19x19-Brett haben, können Sie die überzähligen Linien und Schnittpunkte mit zwei Blatt Papier abdecken.

Das Spielmaterial

In aller Regel bestehen asiatische Go-Bretter aus Holz und die Spielsteine aus Glas. In China spielt man traditionell mit Brettern aus Holz, die etwa 5 cm dick sind. Dabei sitzt man damals wie heute auf Stühlen an einem Tisch, nur selten auf dem Boden. In Japan ist der traditionelle Go-Tisch (Goban) aus massivem Holz. Er ist etwa 15–20 cm dick und steht auf montierten Füßen. Diese Tische, vor denen die Japaner kniend auf Schilfmatten (Tatami) sitzen, sind vorzugsweise aus dem seltenen, goldmelierten Holz des Kaya-Baums gefertigt.

Besonders wertvolle Spielsteine (Go-ishi) sind aus Muscheln bzw. Schiefer gefertigt und perfekt geschliffen. Sie werden in Dosen (Goke) aufbewahrt, die aus einem Stück Holz gedrechselt wurden und mit einem lose aufgelegten Deckel versehen sind.

In Go-Clubs und auf Meisterschaften, wo eine große Menge an Spielen benötigt wird, sind die traditionellen japanischen Sets normalerweise nicht in Gebrauch. Für solche Situationen werden Tischbretter mit 1–5 cm Dicke und Steine aus Glas verwendet. Auch sind die Dosen häufig aus Plastik und nicht aus Holz. Tischbretter und Glassteine sind auch unter den Spielern am weitesten verbreitet. Statt der anspruchsvollen Holzdosen zur Aufbewahrung der Steine verwendet man in China zum Beispiel kleine geflochtene Bambuskörbe mit Deckel.

Für den Hausgebrauch und zum Üben kann es natürlich auch jedes andere Material sein wie beispielsweise das preiswertere Plastik. Ein einfaches Spielfeld kann man sich sogar auf Karton selbst aufzeichnen. Als Steine eignen sich auch helle oder dunkle Knöpfe. Das Spielbrett bzw. das aufgezeichnete Gitternetz ist traditionell 455 mm lang und 424 mm breit. Die zusätzliche freie Randfläche des Bretts ermöglicht das Spielen auf den Randlinien und auf den Eckpunkten. Diese Maße überraschen viele Neueinsteiger, denn sie beschreiben kein perfektes Quadrat, sondern ein Verhältnis von 15 zu 14. Hierfür gibt es einen simplen, aber geistreichen Grund: die optische Verzerrung oder perspektivische Verkürzung. Sie entsteht dadurch, dass die Spieler nicht senkrecht, sondern schräg von vorn auf das Go-Brett schauen und soll auf diese Weise ausgeglichen werden.

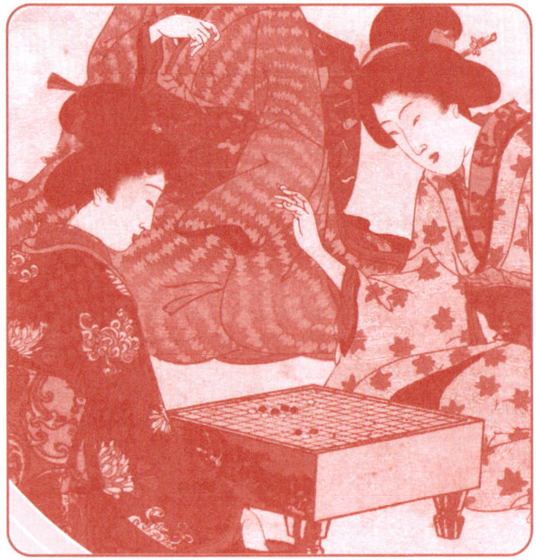

Die schwarzen Spielsteine haben in der Regel einen etwas größeren Durchmesser als die weißen. Auch hier liegt der Grund in einer optischen Illusion. Die weißen Steine erscheinen durch ihr helles Leuchten etwas größer als die schwarzen Steine. Um diesen Effekt auszugleichen, sind die schwarzen Steine real etwas größer. Auf diese Weise scheinen alle Steine gleich groß. Weiße und schwarze Steine dienen dem Umschließen von Gebieten. Sie werden abwechselnd auf die freien Schnittpunkte des Spielfelds gesetzt.

Chinesische Wurzeln

Erde, Himmel und Sterne ...

Chinesischen Legenden zufolge soll das Go-Spiel von dem mythischen Urkaiser Yao (2333–2233 v.u.Z.) vom Himmel auf die Erde gebracht worden sein, um seinem Sohn astronomische Konstellationen zu erklären oder um die geistigen Kräfte seines etwas zurückgebliebenen Sohnes zu fördern. Vieles deutet darauf hin, dass das Go tatsächlich einen astrologischen Bezug hatte bzw. ursprünglich als Kalender genutzt wurde. Die Chinesen erkannten nicht nur die Magnetkraft und erfanden als Erste den Kompass, sie entwickelten auch die Einteilung des Kreises in 360 Grad, was bei einer geraden Erdachse genau die Tage eines Jahres ausmachen würde. Diese Einteilung ist vollkommen unabhängig von der Größe eines Kreises und daher immer konstant, ein „vollkommenes Maß" also.

In der chinesischen Mythologie existierte die Vorstellung, die Erde sei quadratisch und der Himmel ein Kreis. Das Go-Brett besteht aus einer quadratischen Fläche und symbolisiert die Erde. Es ist greifbar. Der Himmel dagegen ist für den Menschen nicht greifbar. Er wird daher als symbolischer Kreis in das Spielfeld integriert, indem für jeden Grad des Kreises ein Schnittpunkt abgebildet wird. Das 19x19-Spielfeld umfasst 360 Punkte, die den gesamten Himmelsraum repräsentieren, plus einen weiteren Punkt in der Mitte des Bretts. Dieser zusätzliche Punkt in der Mitte liegt im Zentrum der Erde und des kreisförmigen Himmels. Er wird folglich als „die Mitte des Himmels" bezeichnet. Dieser Punkt ist so bedeutsam, weil er auf dem Spielfeld einzigartig ist: Als einziger Punkt besitzt er keinen Symmetriepunkt.

Das Gitternetz spiegelt aber nicht nur den kreisförmigen Himmel wieder, sondern auch die 360 Tage des chinesischen Mondkalenders. Die 72 Punkte auf dem Brettrand stehen stellvertretend für die 72 Wochen des alten chinesischen Kalenderjahres. Die einzelnen Brettseiten werden in China noch heute mit ihren geografischen Namen benannt: Norden, Süden, Osten und Westen. Die Einteilung des Bretts in vier Ecken soll die vier Jahreszeiten widerspiegeln. Nachdem Sie nun tiefer in die mystischen Bedeutungen des Go-Bretts eingetaucht sind, können Sie sicher verstehen, warum dem Go so viel Magie nachgesagt wird.

Blütezeit in der Tang-Dynastie

In der Han-Zeit (206 v.u.Z.–220 u.Z.) verbreitete sich das Go-Spiel zusehends in der Bevölkerung und wurde auch in der Beamtenelite ein akzeptierter Zeitvertreib.

Eine besonders bedeutende Epoche in der chinesischen Geschichte war die Zeit der

Tang-Dynastie (618–906). Die Kultur erlebte einen wahren Höhepunkt und zahlreiche andere Länder orientierten sich an China, dem Reich der Mitte. In diesem Umfeld erlebte auch das Go eine erste Hochblüte, es wurde sogar am Kaiserhof ausgiebig gespielt. Das Go-Spiel zählte – neben dem Flötenspiel, der Malerei und der Kalligrafie – zu den vier schönen Künsten. Wer als gebildet und kultiviert angesehen werden wollte, musste in diesen vier Künsten nicht nur bewandert sein, sondern sie meisterlich beherrschen. Zahlreiche Abbildungen, auf denen eben diese vier Künste zusammen zu sehen sind, blieben bis heute erhalten. Sie zeugen von der kulturellen Blüte der Tang-Zeit.

Auch in Gedichten wollte man die Faszination des Spiels einfangen. So drückt Su Shi (1037–1101) sie in seinem Gedicht „Beobachtung eines Go-Spiels" aus:

Vor dem Berg der fünf alten Männer
Steht das Kloster des weißen Kranich
Hohe Kiefern überschatten den Hof
Mit leichter Brise und warmen Sonnenschein
Bin ich der einzige Besucher
Treffe niemanden an
Aber wer spielt hier Go?
Vor der Tür zwei Paar Schuhe
Keine Stimme ist zu hören
Wohl aber das gelegentliche Klicken der Steine
Beim Setzen auf das Brett.

Neben vielen Gedichten entstanden in dieser Zeit auch die ersten umfassenden Bücher über das Go-Spiel. Auch zahlreiche Geschichten und Anekdoten, wie die von der vermoderten Axt (siehe Kasten), zeugen vom Go-Spiel während der Tang-Dynastie.

Die vermoderte Axt

Es war einmal ein Holzfäller, der sich auf der Suche nach einem besonders schönen und kräftigen Baum immer tiefer in den Wald hineinwagte. Dort sah er zwei Mönche, die an einem steinernen Brett saßen und Go spielten. Fasziniert blieb er stehen, stellte seine Axt beiseite und schaute dem Spiel zu. Als die Partie zu Ende war, verschwanden die Mönche. Der Holzfäller aber wollte nach seiner Axt greifen und weitergehen. Da stellte er fest, dass ihr Stiel ganz vermodert war und die rostige Klinge auf dem Boden lag. Als er in sein Dorf heimkehrte, lebte niemand mehr, der ihn noch gekannt hätte.

Niedergang und Wiederentdeckung

Während der Fremdherrschaft der Mandschuren in der Qing-Dynastie (1644–1911) verlor das Go-Spiel in China an Bedeutung und Einfluss. Es wurde jedoch während dieser Zeit in Japan intensiv gespielt und gepflegt. Die Japaner entwickelten Spieltechnik und Spielniveau weiter (siehe ab S. 23), was zu einer neuen Beliebtheit des Spiels führte. Während in der Folge im Japan des 20. Jahrhunderts große und hochdotierte Titelturniere entstanden, verschwand das Go in China mit dem Untergang des Kaiserreichs 1911 nahezu vollständig in der Versenkung. Zahlreiche Kriege, politische Wirren und wirtschaftliche Desaster im 20. Jahrhundert ließen keinen Spielraum zur Pflege von Traditionen. Erst nach dem Ende der Kulturrevolution 1976 und dem Erstarken des chinesischen Staates erlebte das Go-Spiel seine Renaissance beim chinesischen Volk.

Go im heutigen China

Nie Weiping war der erste chinesische Spieler, der in den 1970er- und 1980er-Jahren in internationalen Turnieren die japanische Dominanz im Go wieder in Frage stellte. In den späten 1980er-Jahren übernahm Ma Xiaochun diese Rolle. Er dominierte auch die chinesischen Titelturniere, die nach japanischem Vorbild geschaffen wurden. Er verteidigte mehrmals in Folge nicht nur den Titel des Mingren (jap. Meijin), sondern auch den Tianyuan (jap. Tengen) und den Qiwang (jap. Kisei).

Die neue Rivalität zwischen China und Japan zeigte sich ganz offen im China-Japan-Super-Go, dass erstmals 1984 ausgetragen wurde. Beide Länder stellten ein Team von jeweils zehn Spielern auf. In diesem Knock-Out-Turnier spielen immer nur zwei Spieler gegeneinander. Der Verlierer einer Partie wird durch einen neuen Spieler aus seinem Team ersetzt, der gegen den Gewinner spielen muss. Die Mannschaft, die zuerst keine Spieler mehr hat, verliert das Turnier. Einen Höhepunkt erreichte das Super-Go, als über hundert Millionen Fernsehzuschauer dem „eisernen Torwart" Nie Weiping dabei zusahen, wie er so manche Niederlage gegen Japan abwandte. Im Jahr 1996 wurde das Super-Go-Turnier von japanischer Seite abgebrochen, weil der 20-jährige Chang Hao nahezu das gesamte japanische Team im Alleingang geschlagen hatte.

Um in China Profi zu werden, muss man an einem speziellen Wettkampf teilnehmen, aus dem von höheren Spielern besondere Talente ausgewählt werden. China veröffentlicht regelmäßig eine Ratingliste, in der die stärksten Spieler nach ihrer Rangfolge aufgeführt sind. Zur Zeit führen Gu Li, Kong Jie und Zhou Heyang diese Liste an. Aus China stammt auch eine der weltweit stärksten Frauen, Rui Naiwei 9. Dan.

Grundregeln I

Go ist ein Spiel für zwei Personen. Einer der Spieler erhält die schwarzen, der andere die weißen Steine. Zu Spielbeginn ist das Brett noch leer.

Das Setzen

Die Spieler setzen die Steine abwechselnd auf die freien Schnittpunkte der Brettlinien, wobei jeder beliebige freie Schnittpunkt gewählt werden darf. Ein gesetzter Stein darf nicht mehr bewegt werden. Schwarz beginnt das Spiel, indem er den ersten Stein setzt. Ein Spieler darf auf das Setzen eines Steins verzichten (Passen).
Mit dem Anwachsen der Anzahl gesetzter Steine entstehen Ketten und Gruppen. Das Zusammenspiel dieser Ketten und Gruppen bildet den Mittelpunkt des Spiels und wird den weiteren Spielverlauf bestimmen.

Das Umschliessen von Gebiet

Sie wissen bereits, dass das Go-Spiel das Spiel des Umschließens ist. Die Spieler versuchen daher, durch abwechselndes Setzen von Steinen, Teile des Spielbretts zu umschließen. Die umschlossenen Flächen nennt man Gebiete. Abbildungen 1 und 2 zeigen den Ablauf einer Partie.
Nach dem Setzen des 26. Steins ist das Spielfeld deutlich in ein weißes und ein schwarzes

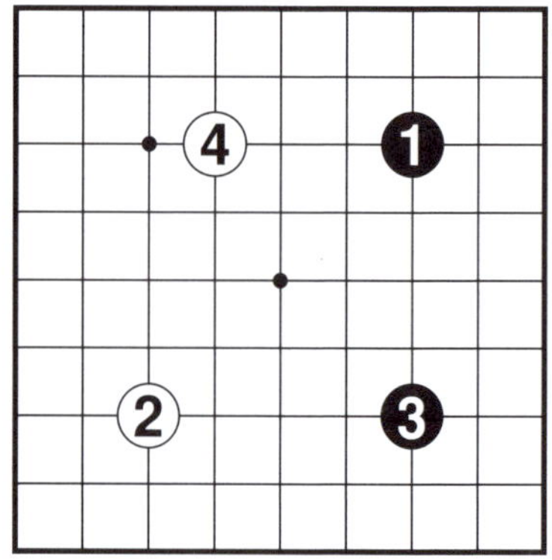

Abb. 1

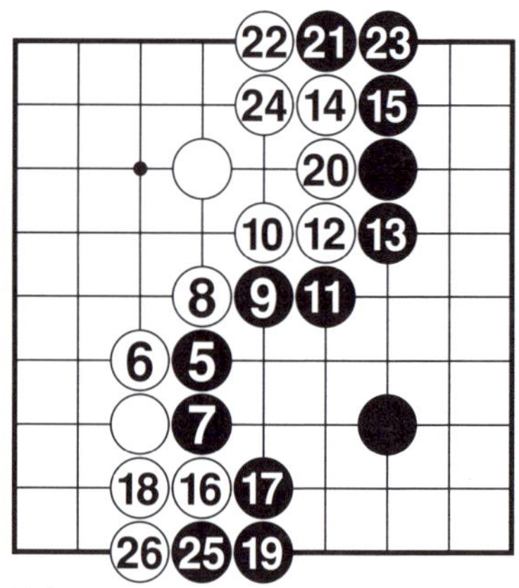

Abb. 2

Gebiet aufgeteilt. Hiermit endet die Partie. Jetzt werden die Gebiete ausgezählt. Dazu zählt man alle von einer Farbe umschlossenen Schnittpunkte. Schwarz hat in diesem Beispiel 28 Punkte umschlossen, Weiß nur 27. Schwarz gewinnt folglich mit einem Punkt. Man erkennt in der Partie deutlich, wie die Spieler, gleichsam zwei Bauern, zuerst mit einigen wenigen Zaunpfählen ihre Ansprüche markieren (Abb. 1). Danach ziehen sie den eigentlichen Zaun zwischen den Pfählen entlang, wobei sie versuchen, die Grenzmarkierung so weit wie möglich zu ihren Gunsten zu verschieben (Abb. 2).

Das Umzingeln von Steinen

Sie haben gerade gesehen, wie im Go-Spiel durch Umschließen freier Flächen Gebiete entstehen. Nun wollen wir uns dem Umzingeln von Steinen widmen: Ein einzelner, auf das Spielfeld gelegter Stein hat vier unmittelbare Nachbarschnittpunkte, wobei nur die waagerecht oder senkrecht benachbarten Punkte betrachtet werden. Steht der Stein auf der Randlinie, dann hat er nur drei Nachbarschnittpunkte. In der Ecke sind es sogar nur zwei (siehe Abb. 3).

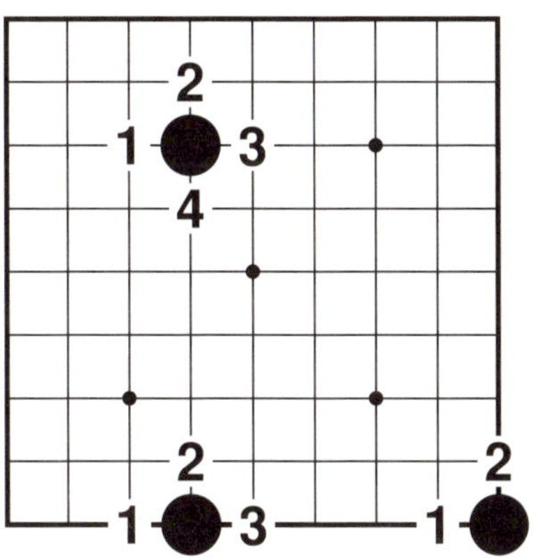

Abb. 3

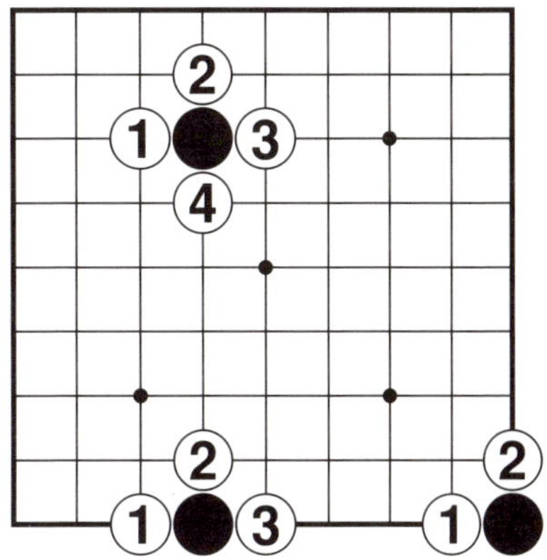

Abb. 4

Besetzt der Gegner nach und nach diese vier benachbarten Schnittpunkte, dann hat er den einzelnen Stein umzingelt. Ist ein Stein vollständig umzingelt, dann gilt er als geschlagen und wird vom Brett genommen. Die diagonalen Punkte müssen nicht besetzt werden.

In Abbildung 4 sind die schwarzen Steine vollständig von weißen Steinen umzingelt und müssen vom Brett genommen werden. Wie Sie leicht erkennen können, benötigt der weiße Spieler weniger Steine um einen Stein zu fangen, wenn diese auf der Randlinie oder in der Ecke positioniert sind. Daher ist es zu Beginn einer Partie nicht ratsam, die Steine dorthin zu setzen, da sie dort besonders schnell geschlagen werden können.

Das Besetzen des letzten freien Nachbarschnittpunkts und das Herausnehmen des

Steins bilden eine Einheit, die man Schlagen nennt. Erst wenn der Stein gesetzt ist und die umzingelten Steine vom Brett genommen wurden, ist der Zug beendet. Abbildungen 5a bis 5c zeigen das Schlagen eines Steins.

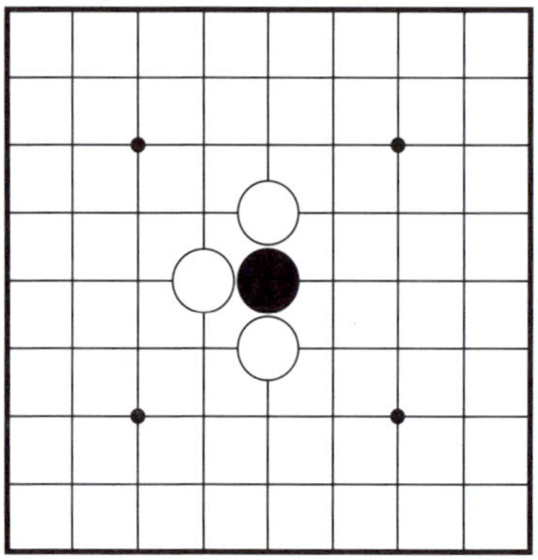

Abb. 5a

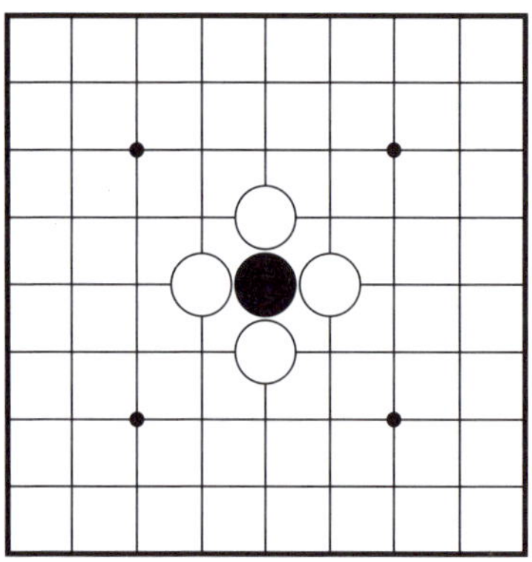

Abb. 5b

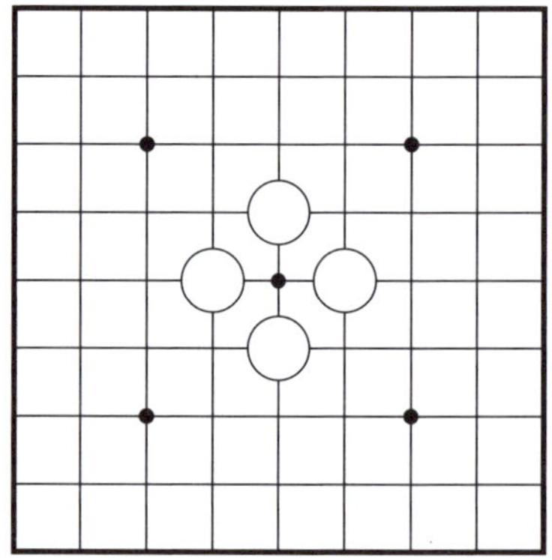

Abb. 5c

Geschlagene Steine werden bis zum Ende einer Partie aufbewahrt. Traditionell legt man sie dazu in den umgedrehten Dosendeckel. Jeder geschlagene Stein zählt in der Endabrechnung einen Punkt. Solange nicht alle benachbarten Schnittpunkte eines Steins besetzt sind, darf ein Stein nicht vom Brett genommen werden.

Ketten und Freiheiten

Waagerecht oder senkrecht nebeneinander gesetzte Steine einer Farbe bilden eine Kette. Man erkennt zusammengehörige Steine auch an der unter ihnen verlaufenden Linie des Spielfelds. Abbildung 6 (siehe S. 17) zeigt drei verschiedene Steinketten: A, B und C. Die kleinste Kette A besteht aus nur einem einzigen Stein. Diagonal gesetzte Steine bilden keine Kette, weshalb die Ketten B und C nicht miteinander verbunden sind.

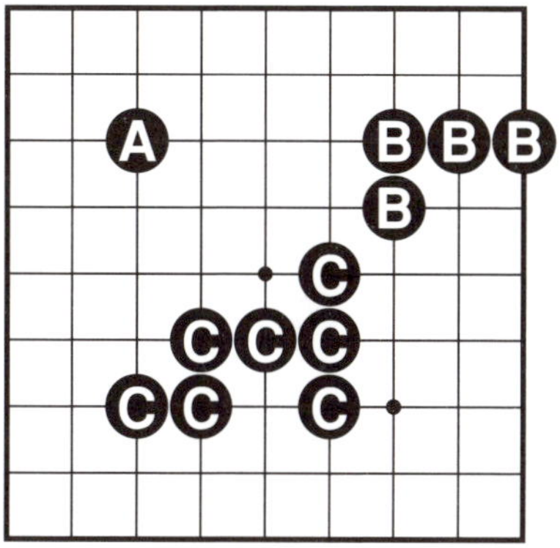

Abb. 6

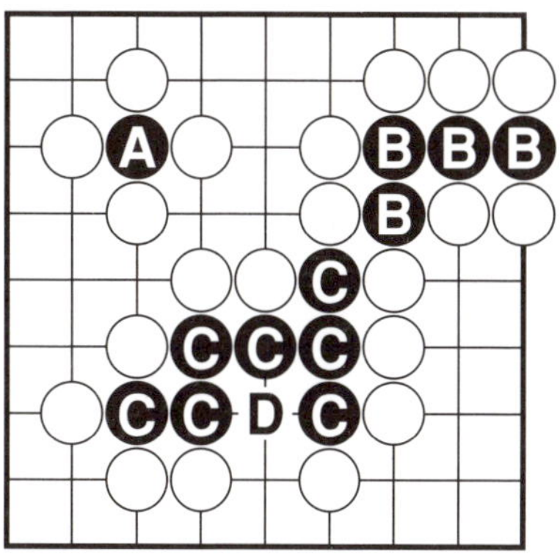

Abb. 7

Ebenso wie einzelne Steine geschlagen werden, können auch ganze Steinketten geschlagen werden. Der Gegner muss sie dazu vollständig mit seinen eigenen Steinen umzingeln. Abbildung 7 zeigt, wie der weiße Spieler die Ketten A und B aus Abbildung 6 umzingelt hat: Diese müssen vom Brett genommen werden. Kette C ist noch nicht vollständig umzingelt. Weiß muss erst noch den Punkt D spielen, bevor er die Kette vom Brett nehmen darf.

Die Steine dürfen erst vom Spielbrett genommen werden, wenn ausnahmslos alle waagerecht und senkrecht benachbarten Punkte vom Gegner besetzt wurden. Man nennt daher die freien, unbesetzten Nachbarschnittpunkte „Freiheiten". Diagonale Punkte sind keine Freiheiten. Solange ein Stein oder eine Kette noch eine oder mehrere Freiheiten hat, darf er nicht vom Brett genommen werden.

Atari

Besitzt ein Stein (oder eine Kette) nur noch eine einzige Freiheit, dann sagt man: Er steht in „Atari". Atari bedeutet Drohung und soll ausdrücken, dass der oder die Steine in Gefahr sind. Ein Spieler, der die vorletzte Frei-

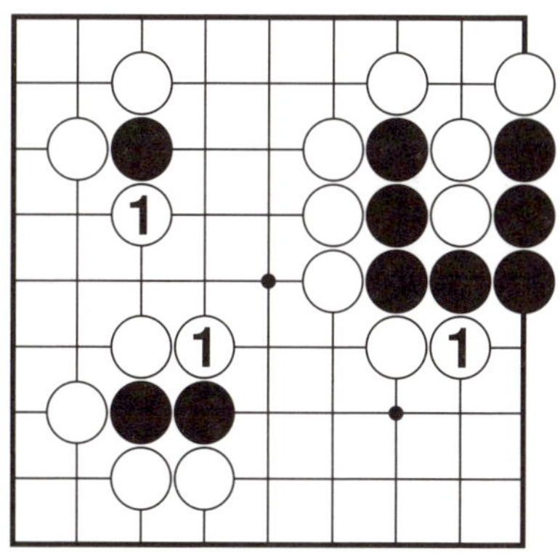

Abb. 8

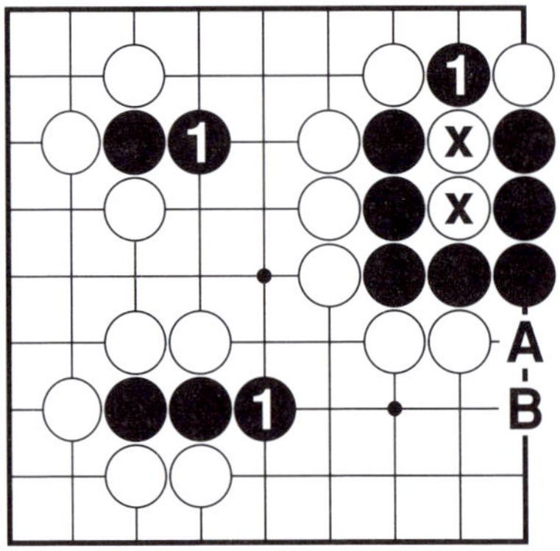

Abb. 9

heit einer Steinkette besetzt, setzt diese in Atari. In Abbildung 8 gibt Weiß 1 jeweils Atari auf eine der drei schwarzen Steinketten. Abbildung 9 zeigt, wie Schwarz seine Steine aus dem Atari befreien kann. Zum einen gibt es die Möglichkeit des Weglaufens, wie auf der linken Brettseite gezeigt. Der Versuch, mit der großen Kette auf der rechten Seite wegzulaufen, indem Schwarz auf A setzt, schlägt fehl. Wenn Schwarz auf A setzt, bliebe ihm immer noch nur eine Freiheit, die Weiß mit B besetzt. Daher ist hier Schwarz 1, das Schlagen der zwei markierten weißen Steine, die richtige Verteidigung. Schwarz hat jetzt drei Freiheiten und kann nicht mehr so leicht von Weiß geschlagen werden.

Doppelatari

Abbildung 10 stellt eine besondere Situation dar. Weiß hat soeben den Stein 1 gespielt und droht nun entweder den einzelnen Stein A oder die Zweierkette B zu schlagen. Schwarz muss sich jetzt entscheiden, welche Steine er aufgibt, denn beide Seiten kann er nicht gleichzeitig verteidigen. Legen Sie diese Stellung am besten auf dem Spielbrett nach! Versuchen Sie, die Züge zu finden, mit denen Weiß den einzelnen Stein A bzw. die zwei Steine schlagen wird.

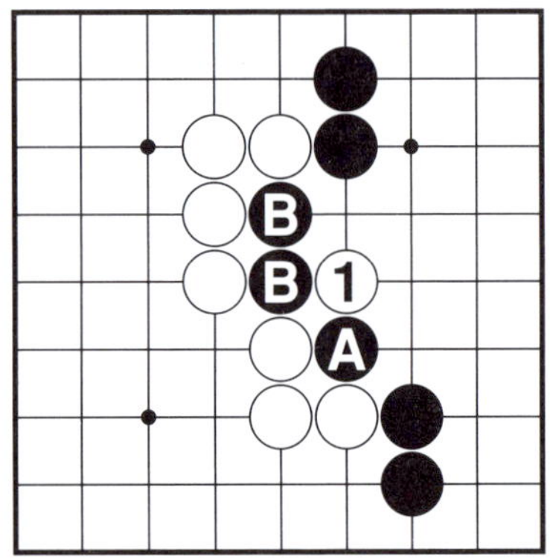

Abb. 10

Diese Situation, in der ein Spieler mehrere Ketten gleichzeitig bedroht, und sie in Atari setzt, nennt man Doppelatari.

Innenfreiheiten

Betrachten Sie Abbildung 11. Schwarz hat in der Ecke zehn Punkte eingeschlossen. Der weiße Spieler hat mit seinen Steinen die schwarzen Steine eingeschlossen. Sind die schwarzen Steine gefangen? Dürfen sie vom Brett genommen werden? Darf Weiß in die von Schwarz umschlossene Fläche setzen?

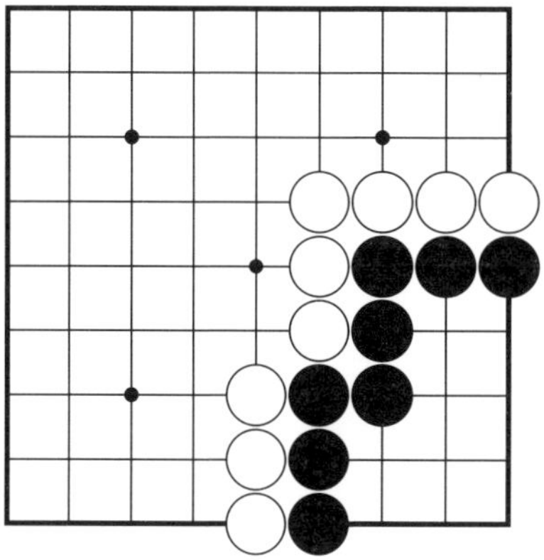

Abb. 11

Da die Spieler ihre Steine auf jeden beliebigen, noch nicht besetzten Schnittpunkt setzen dürfen, können sie natürlich auch in die vom Gegner bereits abgeschlossenen Gebiete setzen. Es gibt nur eine Ausnahme (siehe S. 26). Ob solche Züge immer sinnvoll sind, wird im Folgenden betrachtet.

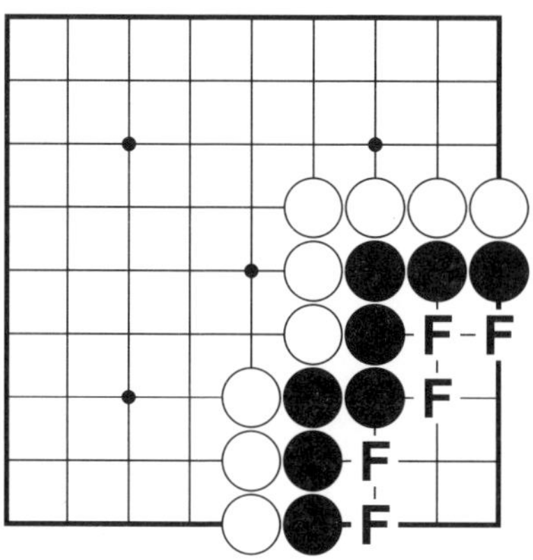

Abb. 12

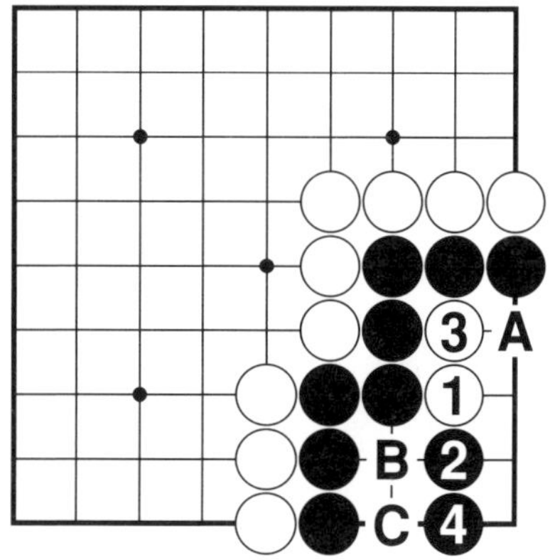

Abb. 13

Die schwarzen Steine in Abbildung 11 sind noch nicht vollständig umzingelt. Weiß hat die schwarzen Steine zwar von außen umschlossen, aber um sie zu schlagen, muss Weiß auch die Freiheiten auf der Innenseite besetzen. Dies sind die mit „F“ markierten Punkte in Abbildung 12. Da beide Spieler immer abwechselnd Steine setzen, wird es dem weißen Spieler nicht gelingen, die schwarzen Steine zu schlagen. Einen Versuch zeigt Abbildung 13. Weiß besetzt mit 1 und 3 zwei Freiheiten. Die Züge 2 und 4 von Schwarz stellen eine besonders geschickte Verteidigung dar, denn Weiß kann nun keine weiteren Freiheiten besetzen. Spielt er dennoch auf A, B oder C, so setzt er sich selbst in Atari und Schwarz kann sofort einen oder drei Steine schlagen. Das Setzen der weißen Steine innerhalb des schwarzen Gebiets ist prinzipiell nicht verboten, aber es führt in diesem Beispiel nicht zum

Erfolg. Wenn man bereits vorher erkennt, dass man mit einem Angriff im gegnerischen Gebiet keinen Erfolg erzielen kann, dann sollte man auf den Angriff verzichten und sich lieber auf andere, interessantere Punkte auf dem Spielbrett konzentrieren.

Gefangen versus Geschlagen

Betrachten Sie noch einmal Abbildung 13. Wie Sie gesehen haben, sind die weißen Steine mehr oder weniger gefangen, denn egal wie Weiß setzt, kann Schwarz die weißen Steine in ein bis zwei Zügen schlagen. Muss der schwarze Spieler die beiden Steine trotzdem vollständig umzingeln?

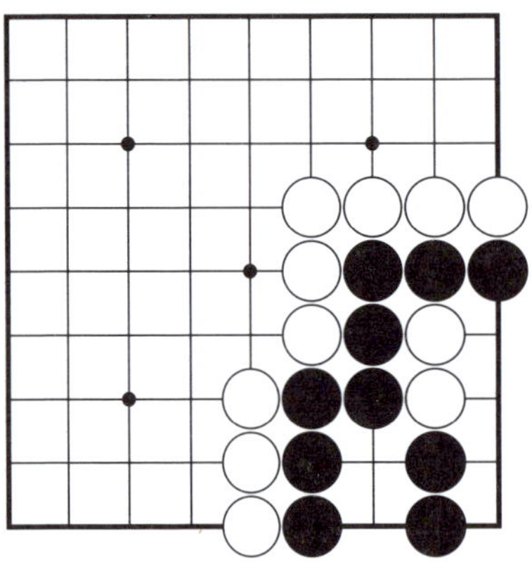

Abb. 14

Die Antwort ist nein und die Erklärung folgt. Abbildung 15 zeigt das Brett, nachdem Schwarz mit A und B die zwei weißen Steine geschlagen hat. Schwarz hat jetzt sechs

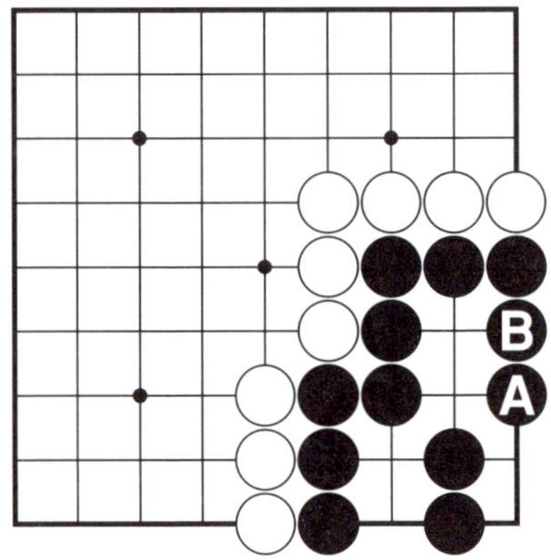

Abb. 15

Punkte Gebiet plus zwei geschlagene Steine, die ebenfalls je einen Punkt wert sind. Insgesamt also acht Punkte. Vor dem weißen Angriff hatte Schwarz aber zehn Punkte. Er hätte also einen Verlust gemacht. Da die zwei weißen Steine in Abbildung 14 nicht mehr fliehen können und weil Schwarz sie jederzeit schlagen könnte, sind sie für den weißen Spieler verloren und werden geopfert. Weil sie aber noch nicht geschlagen sind, bezeichnen wir sie als gefangen. Gefangene Steine werden erst in der Endabrechnung vom Brett genommen.

Gebiet und Gefangene: Die Endabrechnung

Die Go-Partie ist beendet, wenn beide Spieler gepasst haben, das heißt, beide wollen keinen weiteren Stein setzen (siehe S.93). Nun werden die gefangenen Steine vom Brett genommen und zu den Steinen gelegt, die bereits während der Partie geschlagen wurden. Danach beginnen die Spieler mit dem Auszählen.

Abbildung 16 zeigt das Ende einer Partie. Schwarz hat in dieser Partie zwei weiße Steine geschlagen. Außerdem können die zwei markierten weißen Steine, wie Sie bereits gesehen haben, nicht mehr gerettet werden. Weiß hat sie im Verlauf der Partie aufgegeben. Zum Auszählen werden sie jetzt ebenfalls vom Brett genommen.

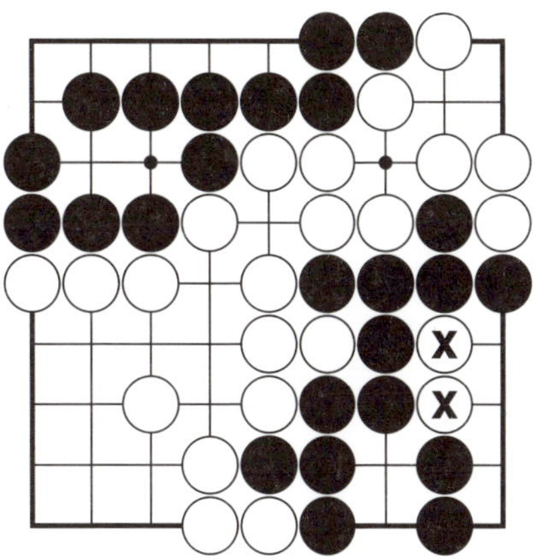

Abb. 16

Anschließend nimmt man die geschlagenen Steine und die am Ende entfernten Steine und legt sie, wie bei einem Gefangenenaustausch, in das Gebiet des Gegners zurück (siehe Abb. 17). Dies vereinfacht das Auszählen, denn diese Steine verringern das von den Spielern umschlossene Gebiet, werden

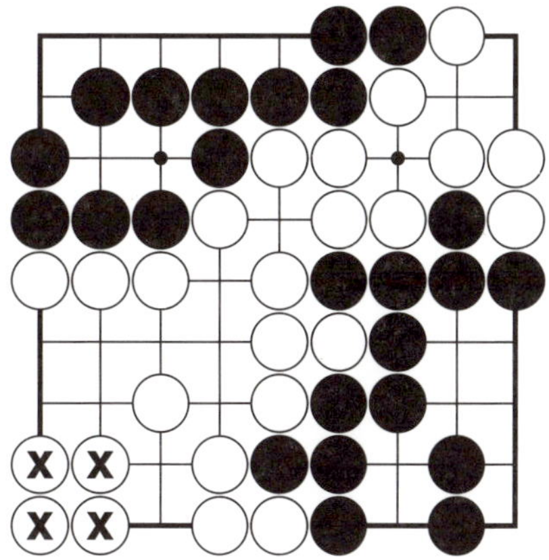

Abb. 17

also wie Minuspunkte betrachtet. Es folgt das Auszählen der nun verbleibenden freien Schnittpunkte. Schwarz hat hier 16 Punkte Gebiet, Weiß dagegen nur 15 Punkte. Schwarz gewinnt mit einem Punkt.

Hätte Schwarz die beiden Steine vor dem Ende der Partie geschlagen, dann hätte er sich selbst zwei Gebietspunkte zugestellt und so die Partie mit einem Punkt verloren. Gefangene Steine sollten Sie nur dann schlagen, wenn von ihnen noch eine akute Bedrohung ausgeht.

Komi – Ein Ausgleich für den ersten Stein

Der schwächere Spieler nimmt die schwarzen Steine und beginnt die Partie. Bei zwei gleich starken Spielern (Gleichaufpartie) erhält der Spieler mit den weißen Steinen im Voraus einige Punkte, die man Komi nennt. Diese Punkte sollen den Vorteil ausgleichen, den Schwarz durch das Setzen des ersten Steins hat. Die Komi wurden erst zu Beginn des 20. Jahrhunderts in Japan eingeführt, wo man sie ursprünglich auf vier Punkte für das 19x19-Brett festgelegt hat. Doch mit der Zeit stellte man fest, dass Schwarz trotz der vier Komi häufiger gewinnt als Weiß. Daher passte man das Komi nach und nach an. Heute sind sechs Punkte als Komi für das 19x19-Brett allgemein üblich. Auf dem 9x9-Brett spielt man jedoch meist mit vier Komi, da hier der Vorteil des schwarzen Spielers geringer bemessen wird. Will man ein Unentschieden (Jigo) ausschließen, um zum Beispiel einen eindeutigen Turniersieger zu ermitteln, so wird das Komi um 0,5 Punkte auf 6,5 Punkte erhöht.

Schüler und Meister: Woran man einen Profi erkennt

Das in Japan entwickelte Rangsystem teilt jedem Go-Spieler einen Rang zu, der unter anderem zur Orientierung bei der Wahl eines Spielpartners dient. Es gibt Meisterränge, die als Dan bezeichnet werden, und Schülerränge, die Kyu genannt werden.

Anfänger stuft man in der Regel als 30. bis 20. Kyu ein. Sie können dann bis zum 1. Kyu aufsteigen, der den höchsten Schülerrang darstellt. Danach folgt der 1. Dan als niedrigster Meisterrang. Der 7. Dan ist für Amateure der höchste Rang. Der Spielstärkeunterschied wird nach einem festgesetzten System von Vorgabesteinen bemessen und beträgt zwischen den einzelnen Rängen genau einen Stein (siehe Vorgabe S. 35). Die Einstufung in die Ränge nehmen die Spieler selbst vor, indem sie ihre Spielstärke im Verhältnis zu anderen Spielern beurteilen. Wer zum Beispiel 50 Prozent seiner Partien gegen einen 1. Dan gewinnt, ist ebenfalls 1. Dan. Verschiebt sich das Gewinnverhältnis deutlich, dann muss sich der Spieler entweder einen Rang hoch- oder einen Rang herabstufen. Dieses System, das auf der Selbsteinstufung der Spieler beruht, wird weltweit im Amateurbereich angewandt und funktioniert ohne die Kontrolle der nationalen Go-Verbände. In den drei führenden Go-Nationen China, Japan und Korea gibt es professionelle Spieler, die ein eigenes Rangsystem vom 1. bis zum 9. Dan verwenden. Ein 1. Profi-Dan entspricht in etwa einem 7. Dan bei den Amateuren. Die Ränge der Profis werden vom jeweiligen nationalen Berufs-Go-Verband verliehen und beruhen auf positiven Turnierergebnissen der Spieler. Ein Herabstufen eines einmal erreichten Rangs gibt es hier nicht. Der Spielstärkeunterschied zwischen zwei Profi-Rängen entspricht in etwa einem Drittel Stein.

Nun kennen Sie bereits die wichtigsten Regeln des Go-Spiels. Starten Sie mit den Übungen am Ende des Kapitels und beginnen Sie mit den ersten Spielen. Übung macht den Meister. Der Abschnitt Grundregeln II (siehe S. 26) macht Sie mit den verbotenen Spielzügen des Go vertraut.

Aus China nach Japan importiert

Die Überlieferung

Der Legende nach soll der japanische Minister Kibi no Makibi das Go-Spiel nach Japan gebracht haben. Er wurde in die chinesische Hauptstadt Chang An entsandt, das politische und kulturelle Zentrum der damaligen Welt. Dort sollte er am kaiserlichen Hof des Tang-Kaisers Xuanzong von 717–735 Wissenschaften und Künste studieren. Auf seiner Rückreise brachte er das Go-Spiel nach Japan mit. Womöglich wurde es in der Folge in die japanische Aristokratie eingeführt, galt doch die verfeinerte Kultur der Tang-Herrscher als vorbildlich für die Japaner. Dennoch wurde Go bereits einhundert Jahre zuvor in Japan schriftlich erwähnt. Ein Gesetz von 689 verbot dem einfachen Volk das Spiel. Vermutlich war das Go-Spiel also schon früher durch koreanische Fischer verbreitet worden.

Im frühen 11. Jahrhundert entstand der Roman „Erzählungen vom Prinzen Genji“, einer der bedeutendsten historischen Romane Japans. In einer kleinen Szene spielen zwei gebildete Hofdamen zum Zeitvertreib eine Partie Go. Sie wurde ein beliebtes Thema in der japanischen Malerei. Auch in den gebildeten Schichten wie bei den Samurai, den buddhistischen Mönchen und den Generälen war das Go-Spiel beliebt, dessen strategische Denkweise von militärischen Denkern geschätzt wurde. Im alten Japan war es sogar Pflichtfach in der militärischen Ausbildung.

Tokugawa und die vier Schulen

Mit Beginn der Edo-Periode im frühen 17. Jahrhundert änderten sich die politischen Verhältnisse in Japan grundlegend. Das bis dahin zerstrittene Inselreich wurde unter dem Kriegsherrn Tokugawa Ieyasu vereint. Der neue Shogun aus dem Hause der Tokugawa war ein großer Freund des Go-Spiels. Nach der Einigung Japans gewährte er den vier stärksten Spielern je ein Haus und ein regelmäßiges Einkommen, damit sie sich ausgiebig der Weiterentwicklung des Spiels widmen konnten. Diese Spieler wurden die ersten Meister der vier Go-Schulen, die man nach ihnen benannte: die Honinbo-Schule, die Inoue-Schule, die Yasui-Schule und die Hayashi-Schule. Jedes Jahr ließ der Shogun an seinem Hof einen Wettkampf veranstalten, bei dem der stärkste Spieler dieser vier Schulen ermittelt wurde. Tokugawa war es auch, der den Posten des Godokoro einführte, eines „Go-Ministers“ mit weit reichenden Befugnissen.

Unter den vier Schulen herrschte große Rivalität, was dem Go-Spiel zu einem bis dato nicht erreichten Niveau verhalf. In dieser Zeit wurde auch das Rangsystem eingeführt, welches an das der Kampfkünste angelehnt war. Zu Ehren der Honinbo-Schule, von der fast ausnahmslos die stärksten Spieler kamen, erhält der Sieger eines der bedeutendsten japanischen Turniere bis in die heutige Zeit den Titel „Honinbo“.

Während China die traditionelle Spielform weitestgehend beibehielt, veränderte man in Japan die Regeln ein wenig und machte das Spiel zu dem, was es heute ist. Die Ankunft der Amerikaner in Japan erschütterte das politische System. Im Jahr 1868 wurde das Shogunat gestürzt und die von ihm geschaffenen Einrichtungen abgeschafft, somit auch die Go-Schulen.

Sponsoren und der Nihon Kiin

Die Verbreitung des Go, das im alten Japan nur den aristokratischen Kreisen vorbehalten war, machte mit dem Aufkommen von modernen Tageszeitungen für die breite Masse einen enormen Sprung. Ende des 18. Jahrhunderts boten Tageszeitungen regelmäßige Go-Kolumnen an. Mit dem wachsenden Interesse der Bevölkerung wurden erst einzelne Partien zwischen Spitzenspielern arrangiert und führten kurz darauf zu dem Konzept des Jubango. Im Jubango spielen zwei Spitzenspieler eine Serie von zehn Partien. Dieser Wettkampf war bei den Lesern sehr beliebt und konnte für den unterlegenen Spieler das Ende seiner Go-Karriere bedeuten. Da es da-

Berühmte Go-Spieler: Honinbo Shusaku

Der beste Spieler der Edo-Periode (1600–1867) war Honinbo Shusaku (sein wirklicher Name ist Kuwabara Torajiro), der unter anderem eine neue Go-Eröffnung entwickelte. Die nach ihm benannte Shusaku-Eröffnung wurde noch bis ins 20. Jahrhundert hinein gespielt.

Shusaku kam am 5. Mai 1829 in Tonoura, Japan, zur Welt. Zu seiner Zeit war Shusaku als Genie im Go-Spiel bekannt. Er gewann als Vertreter der Honinbo-Schule bei den jährlichen Go-Wettkämpfen am Hof des Shogun 19 Partien in Folge. Dies brachte ihm den Namen „der Unbesiegbare“ ein. So gut wie nie verlor er mit Schwarz. Allerdings gab es damals die Komi-Regelung noch nicht (siehe S. 21). Shusaku konnte den Vorteil des ersten Zugs mit Schwarz nahezu immer bis zum Ende der Partie behaupten. Shusakus Tod markiert das Ende eines Goldenen Zeitalters des Go. Er starb während einer Cholera-Epidemie, die aus der westlichen Welt eingeschleppt wurde. Viele seiner Partien blieben erhalten, so etwa in dem englischen Werk „Invincible – The Games of Shusaku“. Sie werden bis heute von professionellen Go-Spielern und passionierten Amateuren nachgespielt.

mals noch keine festgelegten Bedenkzeiten gab, dauerten diese Duelle teilweise mehrere Monate. Die einzelnen Partien wurden ausführlich kommentiert in den Zeitungen abgedruckt. Wie populär und wie erfolgreich die Jubango waren, zeigt das Beispiel der Zeitung Yomiuri, die noch heute einer der aktivsten Go-Sponsoren ist. Sie konnte im Jahr 1926 durch die Ausrichtung und Berichterstattung eines Jubango ihre Auflage vervierfachen. Als erfolgreichster Spieler solcher Jubango erwies sich Go Seigen (siehe S. 42), der Mitte des 20. Jahrhunderts elf Jubango gegen japanische Top-Spieler gewann und nur ein einziges verlor.

Das professionelle Go in Japan begann 1923 mit der Gründung des Nihon Kiin, des japanischen Go-Verbandes. Der Nihon Kiin ist seither die offizielle Institution für die Einstufung der Spieler, die Festlegung des Regelwerks, die Veranstaltung von Turnieren und die Verwaltung der von den Zeitungen gesponserten Geldsummen. Um das komplizierte System der Spieler-Einstufung in Dan-Ränge zu vereinfachen, wurde ein jährliches Turnier eingeführt, das Oteai.

Kein Weltmeister im Go

Es gibt keine Weltmeisterschaft für professionelle Go-Spieler. Stattdessen gibt es eine Reihe hoch angesehener Titelturniere, die jedes Jahr ausgetragen werden. In den Vorrunden, den Ligen, werden die Herausforderer des aktuellen Titelträgers, also die Sieger des Vorjahres, ermittelt. Das Finale des Titelkampfs besteht schließlich aus einem Match von drei, fünf oder sieben Partien zwischen den beiden Kontrahenten.

Die drei wichtigsten Titel, die man auch als die „Drei Kronen“ bezeichnet, sind der im Jahr 1976 eingeführte Kisei („Spiel-Heiliger“), der Meijin („Meister“) und der Honinbo (Name der alten Go-Schule). Der Kisei wird seit seiner Einführung von der Zeitung Yomiuri gesponsert und bringt dem Sieger rund 300.000 Euro ein. Weitere Titelturniere sind der Judan („10. Dan“), der Tengen („Mitte des Himmels“) oder der Oza („Thron“).

Einer der stärksten Go-Spieler, der das Go in Japan bis zur Jahrtausendwende dominierte, ist der aus Korea stammende Cho Chikun 9. Dan. Er war der einzige Spieler, der die „Drei Kronen“ zeitgleich inne hatte und sie über mehrere Jahre hinweg erfolgreich gegen seine Herausforderer verteidigte. Gemessen an der Anzahl der gewonnenen Titel führt er noch heute die Liste der erfolgreichsten Spieler an. Seither gibt es jedoch keinen Spieler mehr, der die „Drei Kronen“ wieder auf eine Person vereinigen konnte. Würde man daher den Erfolg der Spieler anhand der gewonnenen Preisgelder bemessen, so stünde derzeit Cho U mit ca. einer Million US-Dollar auf dem ersten Platz.

Grundregeln II

Sie haben gelernt, dass die Go-Spieler ihre Spielsteine auf jeden beliebigen, freien Schnittpunkt setzen dürfen. Es gibt jedoch bestimmte Spielzüge, die verboten sind. Diese sind in der Selbstmord-Regel und in der Ko-Regel festgelegt, die im Folgenden erklärt werden.

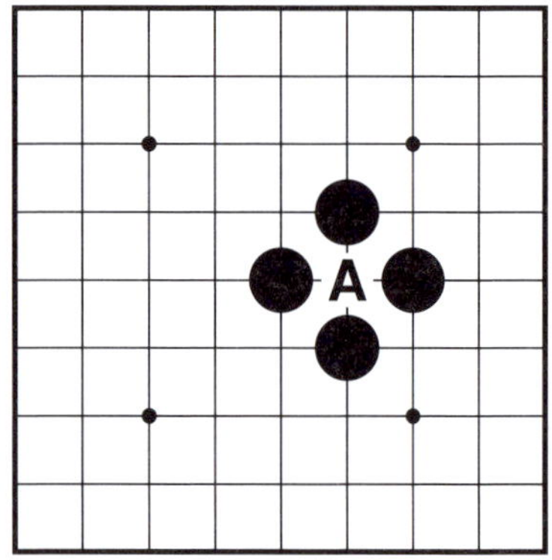

Abb. 18

Das Selbstmordverbot

Obwohl die japanischen Samurai das Harakiri als ritualen Selbstmord praktizierten, so wurde es allerdings im Go-Spiel verboten. Was dieses Verbot aussagt, schauen wir uns hier an. Die Regel besagt, dass kein Stein so gesetzt werden darf, dass er keine Freiheit mehr besitzt.

Würde Weiß in Abbildung 18 auf den Punkt A spielen, dann hätte er dort keine Freiheit mehr. Dort zu setzen, ist also verboten. Wäre es erlaubt, käme dies einem Selbstmord gleich, denn der gesetzte Stein wäre sofort umzingelt und er müsste vom Gegner vom Brett genommen werden.

Solch einen Selbstmord verbietet die Regel, weshalb sie auch „Selbstmordverbot" genannt wird.

Es ist Weiß also verboten, in Abbildung 18 auf A zu spielen. Schwarz dagegen darf natürlich auf A spielen, denn er bildet auf diese Weise eine Kette aus fünf Steinen.

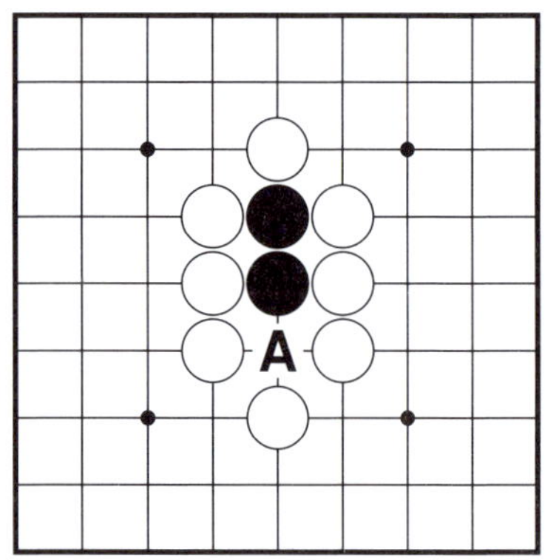

Abb. 19

In Abbildung 19 stehen zwei schwarze Steine bereits in Atari. Schwarz darf hier nicht auf A setzen, denn dann hätte die auf drei Steine verlängerte Kette keine Freiheit mehr und müsste vom Brett genommen werden. Das wäre ein Selbstmord mit drei Steinen. Daher ist es Schwarz verboten, in dieser Stellung auf A zu spielen. Weiß dagegen darf auf A setzen und die zwei schwarzen Steine schlagen. Da sie aber nicht entkommen können, sollte Weiß in einer Partie einen wichtigeren Punkt spielen.

Schlagen geht vor Selbstmordverbot

In Abbildung 20 ist die Situation etwas anders. Es sieht so aus, als dürfe Schwarz nicht auf die markierten Punkte A oder B setzen, weil dies Selbstmord und somit nach den Regeln des Go-Spiels verboten wäre.

Die vollständige Regel besagt, dass ein Stein nicht so gesetzt werden darf, dass er keine Freiheiten mehr hat, es sei denn, er nimmt gleichzeitig Steinen der anderen Farbe die letzte Freiheit. Durch das Besetzen der letzten Freiheit werden ein oder mehrere Steine geschlagen und der gesetzte Stein erhält somit mindestens eine Freiheit. In Abbildung 20 stehen drei bzw. vier weiße Steine in Atari. Besetzt Schwarz deren letzte Freiheit, so darf er die Steine vom Brett nehmen. Erst wenn Schwarz die weißen Steine, deren letzte Freiheit er besetzt hat, vom Brett genommen hat, ist sein Zug beendet. Schwarz darf also in Abbildung 20 auf A und B setzen, weil er den weißen Steinen die letzte Freiheit nimmt und sie somit schlägt. Nach dem Schlagen der Steine hat der gesetzte schwarze Stein mindestens eine Freiheit. Abbildung 21 zeigt das Ergebnis. Der markierte schwarze Stein hat jetzt zwei Freiheiten. Die schwarze Kette rechts unten hat nach dem Schlagen von vier Steinen sogar vier Freiheiten. Ein Stein darf also gesetzt werden, wenn er durch das Schlagen eines anderen Steins mindestens eine Freiheit erhält. Oder kurz: Schlagen geht vor Selbstmordverbot.

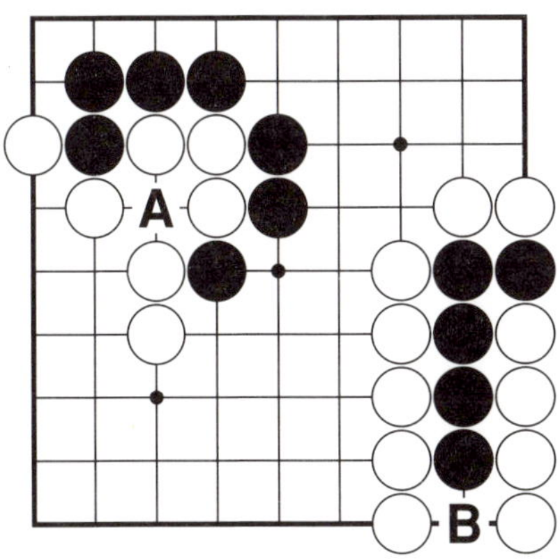

Abb. 20

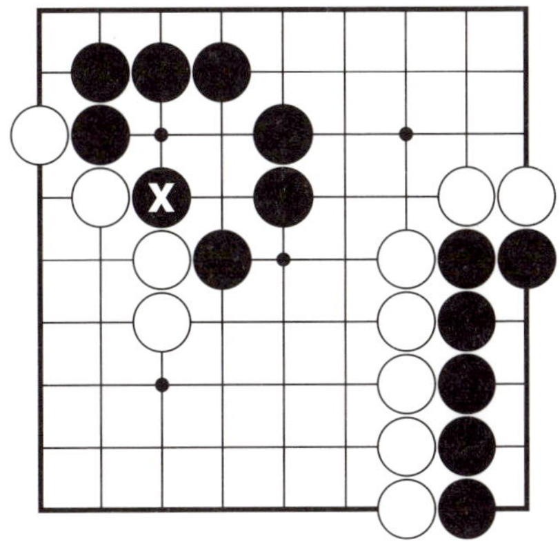

Abb. 21

Die Ko-Regel

Diese Regel ist etwas komplizierter. Abbildungen 22–25 zeigen eine Situation, in der Weiß und Schwarz jeweils abwechselnd einen Stein schlagen können.

Abb. 22: Ausgangssituation
Abb. 23: Weiß schlägt.
Abb. 24: Nach dem Schlagen.
Abb. 25: Schwarz schlägt, Ausgangssituation wiederhergestellt

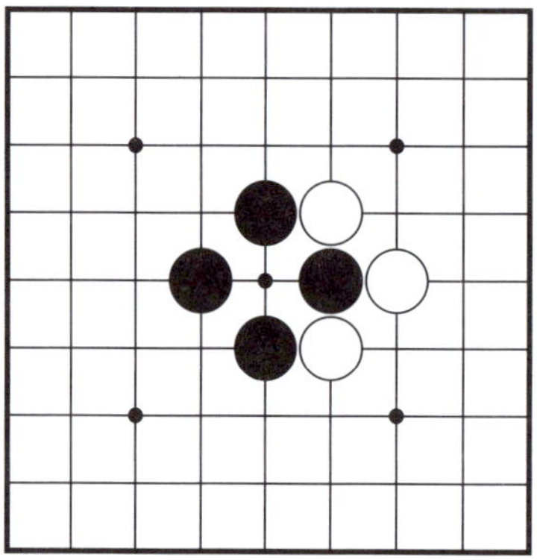

Abb. 22

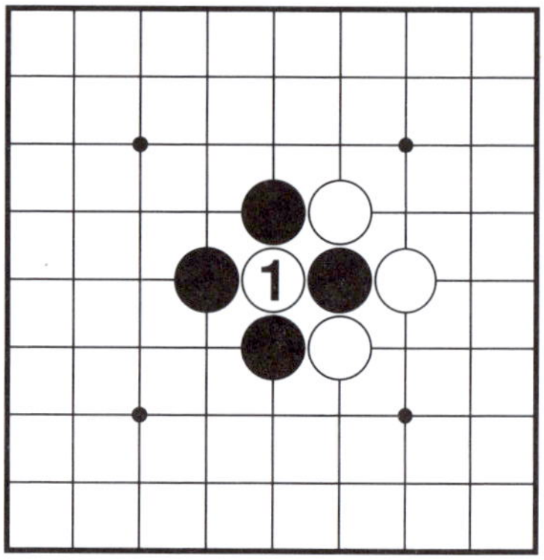

Abb. 23

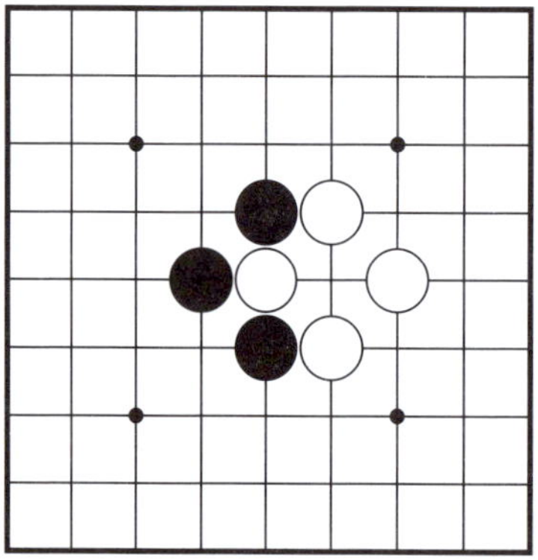

Abb. 24

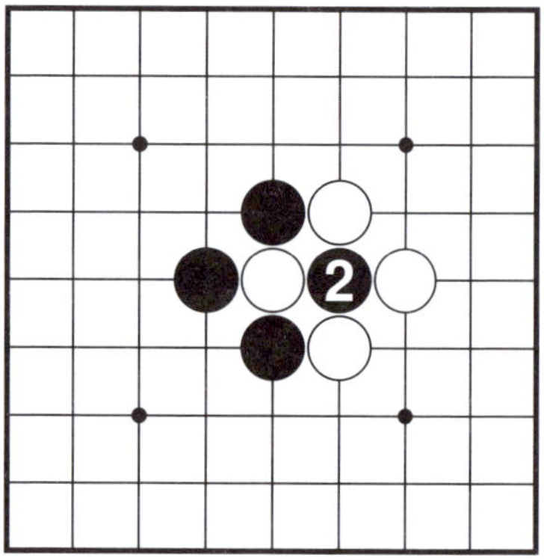

Abb. 25

Die gezeigte Situation nennt man „Ko“. Wenn keiner der Spieler nachgibt, wäre die Partie in einer endlosen Wiederholung gefangen. Der Begriff Ko stammt aus dem Sanskrit und bedeutet „Ewigkeit“. Um diese unangenehme Situation zu vermeiden, gibt es die Ko-Regel: Wenn ein einzelner Stein gerade einen anderen einzelnen Stein geschlagen hat, darf er im folgenden Zug nicht erneut geschlagen werden. Wenn Weiß also in Abbildung 23 einen schwarzen Stein schlägt, dann darf er von Schwarz nicht unmittelbar zurückgeschlagen werden. Der Zug in Abbildung 25 ist also vorerst verboten, denn die Regel spricht von einem darauf folgenden Zug. Wenn Schwarz aber erst an anderer Stelle einen Stein setzt, dann darf er durchaus wieder das Ko schlagen. Dann wäre es Weiß, der den einzelnen Stein nicht sofort zurückschlagen darf.

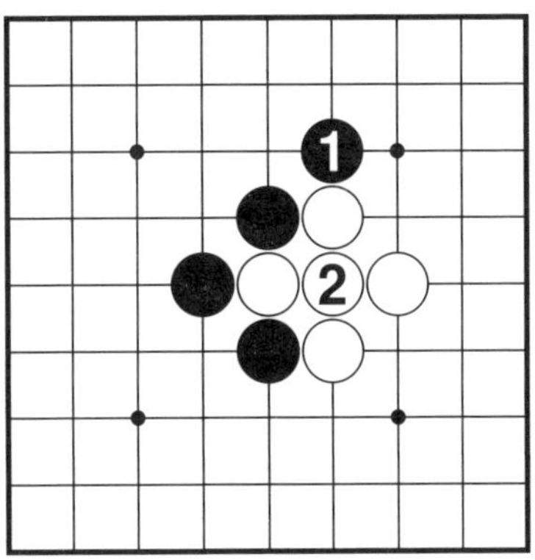

Abb. 26

Da Schwarz nun nicht sofort zurückschlagen darf, setzt er zum Beispiel auf 1 in Abbildung 26. Weiß kann jetzt das Ko auf 2 decken und so das Zurückschlagen verhindern. Wenn Weiß das Ko nicht deckt und auf 2 in Abbildung 27 spielt, dann darf Schwarz das Ko mit 3 schlagen.

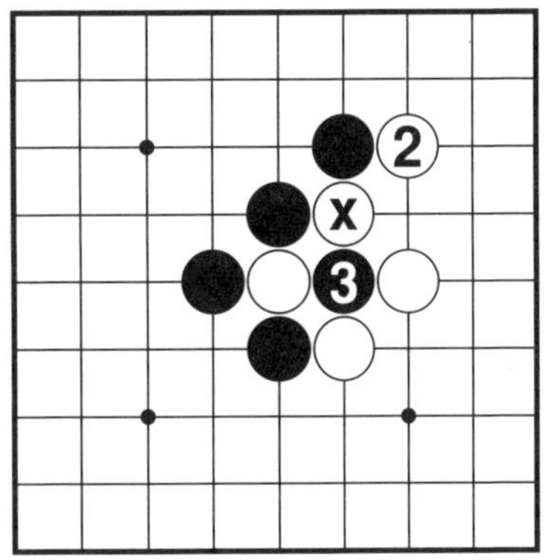

Abb. 27

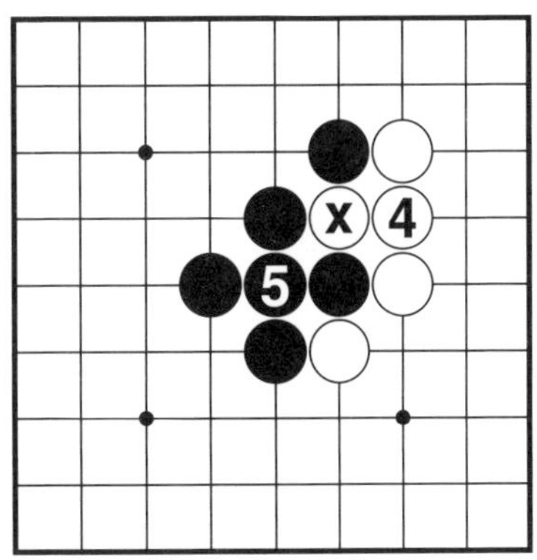

Abb. 28

Nachdem Schwarz das Ko geschlagen hat, darf nun Weiß nicht unmittelbar zurückschlagen. Daher deckt er mit 4 in Abbildung 28 auf der Seite 29 den in Atari stehenden Stein und Schwarz 5 verhindert das Zurückschlagen des Ko, indem er es deckt.

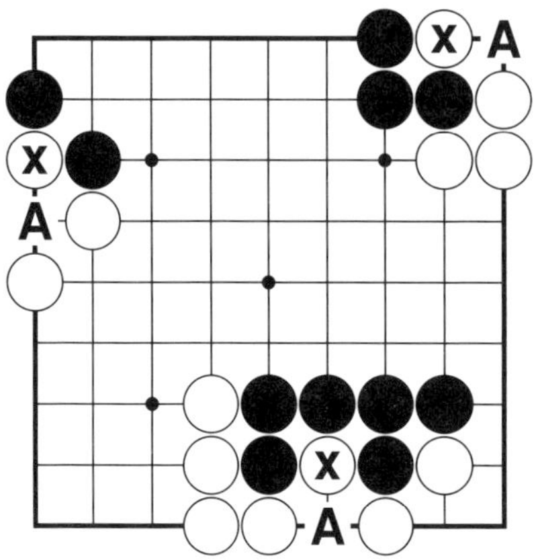

Abb. 29

Abbildung 29 zeigt verschiedene Formen des Ko, wie sie unter anderem am Brettrand auftauchen können. Schwarz kann jeweils den markierten weißen Stein auf A schlagen. Weiß darf dann im unmittelbar darauf folgenden Zug den schwarzen Stein nicht zurückschlagen.

Abbildung 30 zeigt ebenfalls ein Ko, das Schwarz auf A schlagen kann. Diese Stellung wird uns später noch einmal begegnen, wenn wir uns einen Ko-Kampf in einer Partie ansehen und die dadurch ausgelösten Verwicklungen beobachten (siehe ab S. 77).

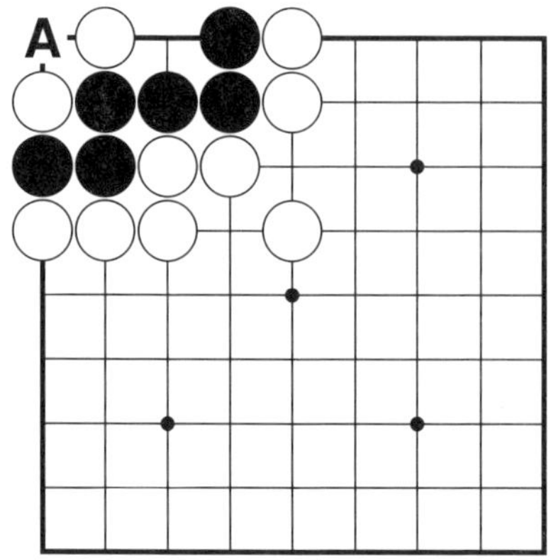

Abb. 30

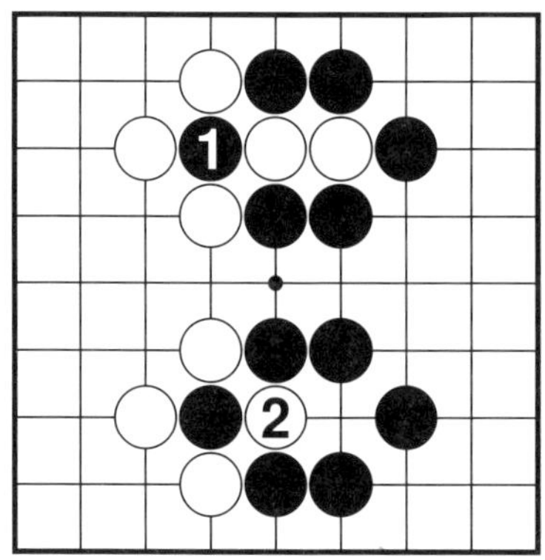

Abb. 31

In Abbildung 31 stehen zwei weiße Steine in Atari. Wenn Schwarz diese Steine schlägt, dann hat er mit einem einzelnen Stein nicht einen anderen einzelnen, sondern zwei Steine geschlagen. Hier darf Weiß unmittelbar zurückschlagen (Abb. 31 unten). Danach ist ein weiteres Schlagen nicht möglich. Abbildung 31 zeigt also kein Ko.

Übungen Kapitel Eins

Bevor Sie mit dem Spielen beginnen, können Sie mit folgenden Übungen testen, ob Sie die Regeln richtig verstanden haben und anwenden können. Danach steht Ihrem ersten Go-Spiel nichts mehr im Weg. Versuchen Sie zuerst, die Aufgaben allein anhand der Abbildungen zu lösen. Nur wenn Sie die Lösungen nicht im Kopf finden können, legen Sie die Stellung auf dem Spielfeld nach und lösen die Aufgaben durch Ausprobieren. Da Sie aber Probleme in einer gespielten Go-Partie nicht durch Ausprobieren lösen können, sollten Sie üben, Go-Aufgaben im Kopf zu lösen. Die Lösungen finden Sie im Anhang ab Seite 116.

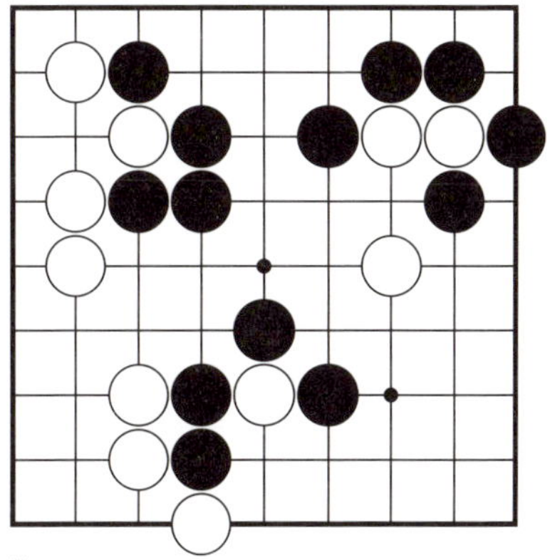

Ü 2

Übung 2: In diesen drei Stellungen stehen weiße Steine in Atari. Welche Punkte muss Weiß spielen, um ein Schlagen seiner Steine zu verhindern?

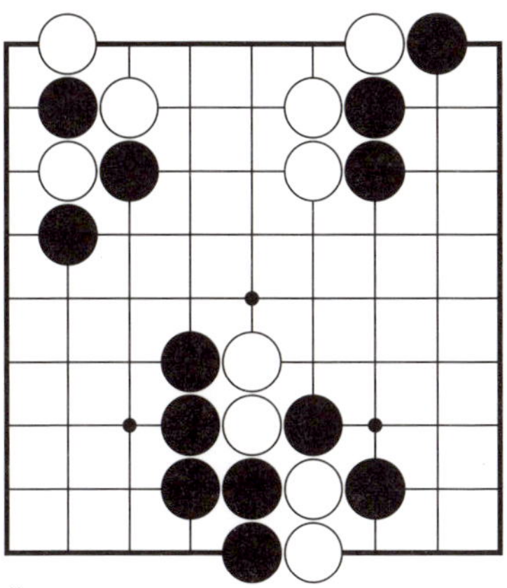

Ü 1

Übung 1: Schwarz kann an drei Stellen des Bretts weiße Steine schlagen. Welche Punkte sind das?

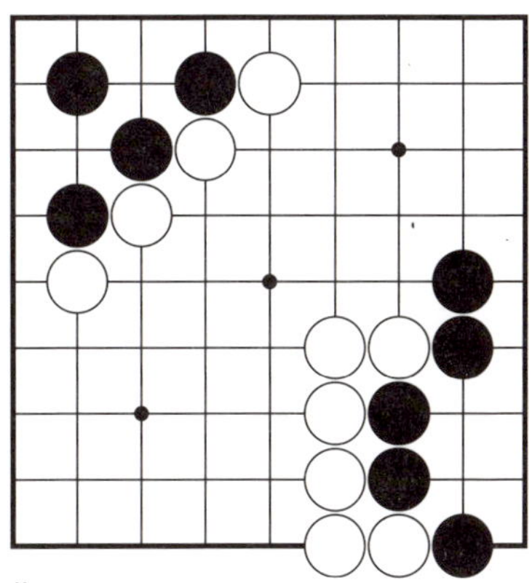

Ü 3

Übung 3: In welcher der beiden Situationen kann der schwarze Spieler ein Doppelatari spielen? Und wo kann Weiß ein Doppelatari spielen?

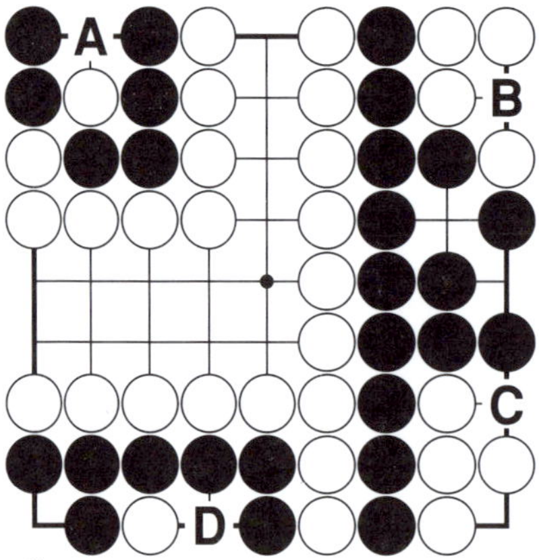

Ü 4

ÜBUNG 4: Welche der markierten Punkte A bis D darf Weiß spielen? Welche sind ihm nach der Selbstmordregel verboten?

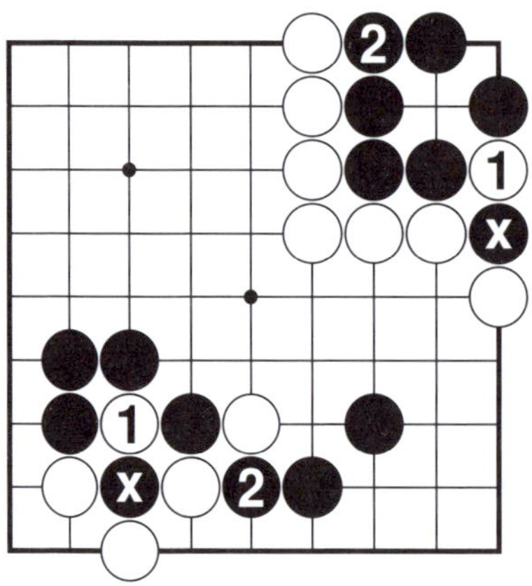

Ü 5

ÜBUNG 5: In beiden Stellungen hat Weiß mit 1 ein Ko geschlagen. Schwarz darf nicht sofort zurückschlagen. Er antwortet jeweils auf 2. Wie kann Weiß die beiden Ko beenden?

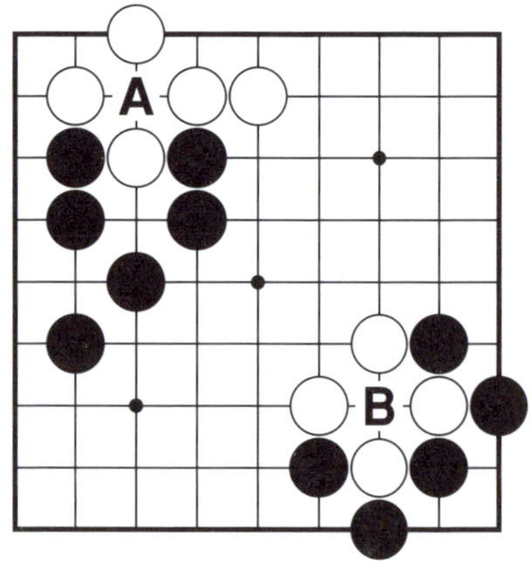

Ü 6

ÜBUNG 6: Darf Schwarz auf die markierten Punkte A und B spielen?

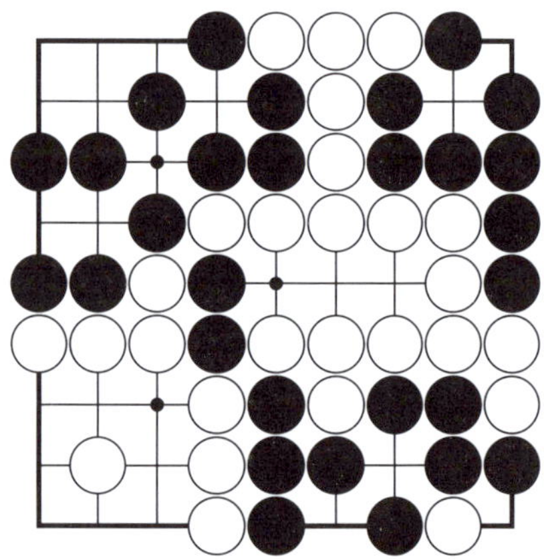

Ü 7

ÜBUNG 7: Beide Spieler haben gepasst. Es wurden vier Komi vereinbart. Weiß hat einen schwarzen Stein geschlagen, Schwarz hat drei weiße geschlagen. Wie lautet das Ergebnis? Beachten Sie ggf. noch gefangene Steine!

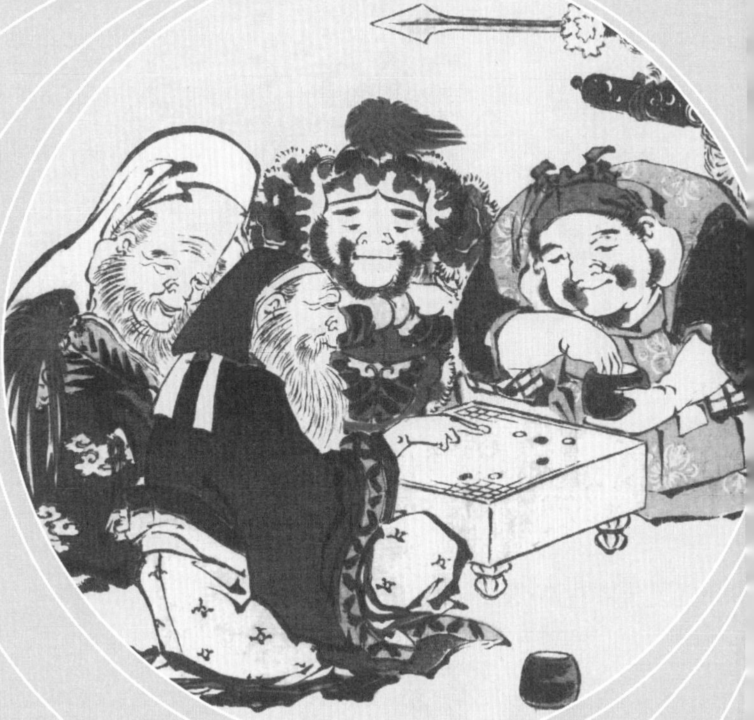

Kapitel Zwei
Eröffnung

In der Eröffnung werden die ersten „Steine herumgeschleudert“. Man spielt am Anfang weit voneinander entfernt, um unnötige Konfrontationen zu vermeiden. Man errichtet Basislager, deklariert Ansprüche, sichert wichtige strategische Positionen ab und hält ein wachsames Auge auf den Gegner ...

Spielkultur

Sie haben im ersten Kapitel die Grundregeln des Go-Spiels kennen gelernt. Mit diesem Wissen können Sie bereits Go spielen. In diesem Kapitel wollen wir uns nun ersten strategischen Überlegungen widmen, wie und wo man seine Steine zu Beginn einer Partie am besten platziert. Vorher ist noch einiges zu beachten, denn neben den schriftlich festgelegten Regeln gibt es auch Regeln, die nirgends niedergelegt sind. So verbeugen sich zum Beispiel die Spieler in Asien vor einer Partie kurz voreinander, um sich gegenseitigen Respekt zu bekunden. Bei uns wünscht man sich beiderseits „Eine schöne Partie!“.

Nigiri

Schwarz beginnt die Partie. Doch wie wird ausgelost, wer Schwarz und wer Weiß hat? Ganz einfach: Wenn die Spieler nicht gleich stark sind, nimmt der schwächere Spieler die schwarzen Steine. Wenn beide Spieler gleich stark sind, dann wird das Ritual des Nigiri, des Steinezählens, durchgeführt.

Beim Nigiri nimmt zuerst der ältere Spieler eine Handvoll weißer Steine aus der Dose und hält diese verschlossen in seiner Hand. Der zweite Spieler nimmt danach einen oder zwei schwarze Steine und legt diese auf das Go-Brett. Er rät damit, ob die Anzahl der weißen Steine in der Hand des ersten Spielers ungerade (ein schwarzer Stein) oder gerade (zwei schwarze Steine) ist.

Öffnet der Spieler mit den weißen Steinen nun seine Hand, dann zählt er die weißen Steine paarweise ab. Hat der Spieler, der die schwarzen Steine hingelegt hat, richtig geraten, spielt er schwarz. Üblich ist in der Praxis: Wer richtig geraten hat, darf die Farbe seiner Steine wählen. Hat er falsch geraten, dann darf der andere Spieler wählen.

Das Setzen der Steine

Im Go gibt es eine Technik, die Steine zu platzieren: Der Stein wird zwischen Zeigefinger und Mittelfinger gehalten, um ihn dann mit leichtem Druck auf das Brett zu legen, wobei ein sanftes bis scharfes „Klack“ ertönt. Einen Go-Spieltreff kann man schon von weitem durch das markante Klacken der Steine hörbar erkennen. Viele sind der Meinung, dass die akustischen Eigenschaften des Holzes sehr wichtig sind. Im traditionellen Goban ist üblicherweise die Unterseite des Bretts in Pyramidenform ausgehöhlt. Auch wenn hin und wieder behauptet wird, dies diene der Verbesserung des Klangs, so ist doch eher anzunehmen, dass die Aushöhlung dem Brett erlaubt, sich auszudehnen und zusammenzuziehen. Jedenfalls bewirkt der Klang des „Steineklackens“ bei jedem Go-Spieler ein Wohlgefühl.

Der erste Stein

Das 9x9-Brett hat 81 Schnittpunkte. Berücksichtigt man, dass es durch Drehung und Spiegelung des Bretts symmetrische Punkte gibt, dann bleibt für das Setzen des ersten Steins eine Auswahl von 15 Brettpunkten. Wo nun den ersten Stein setzen?

Der erste Stein wird aus traditionellen Gründen in der rechten oberen Ecke gesetzt (vom schwarzen Spieler aus gesehen). Dies ist eine Höflichkeitsgeste. Früher war es üblich, mit dem ersten weißen Stein den schwarzen sofort anzugreifen. Würde Schwarz den ersten Stein auf seiner Bretthälfte, also am unteren Rand spielen, dann müsste der weiße Spieler, um den Stein anzugreifen, den Arm weit ausstrecken und seinen Oberkörper leicht über das Brett beugen, was einer Verbeugung vor dem Gegner gleichkäme. Die Etikette im alten Japan untersagte es aber dem starken Spieler, sich vor dem schwächeren zu verbeugen. Um diesen Konflikt zu vermeiden, spielt der schwächere Spieler in die Nähe des stärkeren Spielers, also am oberen Brettrand. Obwohl die Spieler heute erst die vier Ecken besetzen, bevor sie zum Angriff übergehen, wird die Tradition fortgeführt, den ersten Stein in die rechte obere Ecke zu setzen. Dies wird als höfliche Geste angesehen. Sie müssen sich daher in allen Abbildungen vorstellen, dass der schwarze Spieler immer am unteren Brettrand sitzt und den ersten Stein in die von ihm aus rechte obere Ecke spielt. In Abbildung 32 kann Schwarz statt 1 auch die Punkte a bis g spielen. Warum die Punkte 1, a und c besser sind als die anderen, sehen Sie ab Seite 36.

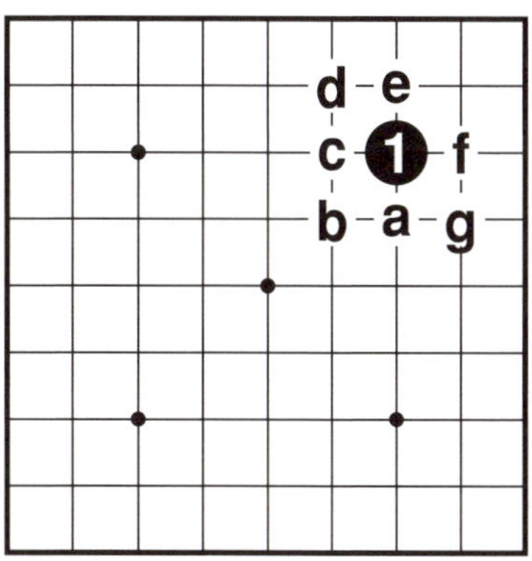

Abb. 32

Vorgabe

Sie wissen bereits, dass in der Spielstärke unterschiedliche Ränge zu erreichen sind. Zum Ausgleich der Spielstärkedifferenzen gibt es das Vorgabesystem. Wenn zwei Go-Spieler unterschiedlichen Ranges aufeinander treffen, wird aus dem Rangunterschied eine Vorgabe bestimmt: Ein 5. Kyu erhält gegen einen 1. Kyu eine Vorgabe von vier Steinen. Das bedeutet, dass der (schwächere) 5. Kyu-Spieler mit den schwarzen Steinen spielt und vier Steine auf dem Brett platzieren darf, bevor Weiß den ersten Stein setzt. In China ist es üblich, dass der schwächere Spieler sich aussuchen darf, wo er seine Vorgabesteine platzieren möchte. In Japan und auch in Europa werden die Vorgabesteine auf die besonders markierten Punkte gelegt. Diese neun Punkte, die achsen- und punktsymmetrisch angeordnet sind, heißen Hoshi („Sterne“). Auf dem kleineren 9x9-Brett gibt es nur fünf solcher Punkte.

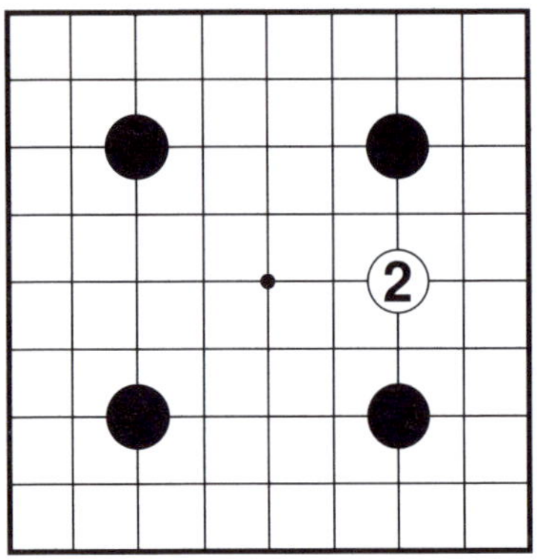

Abb. 33

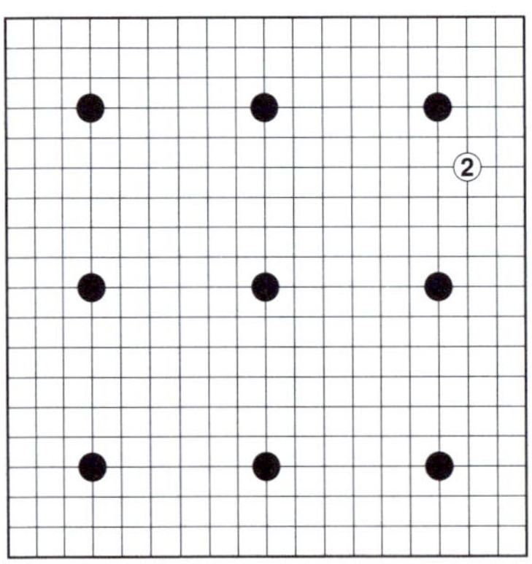

Abb. 34

Das Setzen der Vorgabesteine gilt als der erste Zug, danach setzt Weiß die Partie (siehe Abb. 33) mit dem zweiten Zug fort. Bei einem Spiel mit Vorgabesteinen gibt es natürlich keine Komi für den weißen Spieler, denn hier erhält der schwächere Spieler bereits einen Ausgleich, um für beide Seiten die gleichen Gewinnchancen zu ermöglichen.

Der Spielbeginn

Steine herumschleudern

Die Eröffnung im Go-Spiel nennt man Fuseki. Die wörtliche Übersetzung aus dem Japanischen bedeutet „Steine herumschleudern“. Und genau das erklärt, wie man zu Beginn einer Partie seine Steine richtig ausspielt. Am Anfang spielt man weit voneinander entfernt,

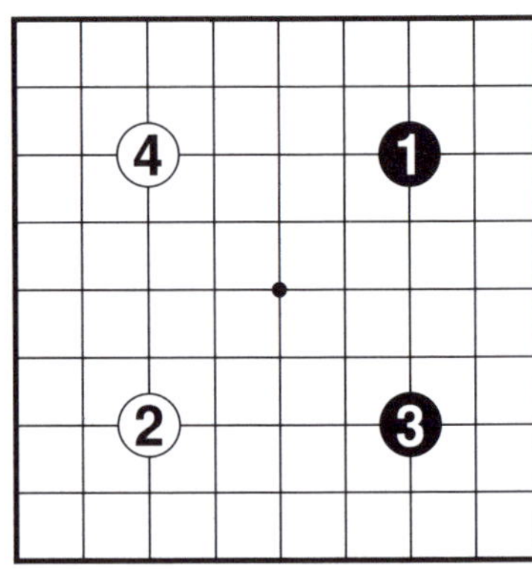

Abb. 35

um unnötige Konfrontationen zu vermeiden. Man verteilt seine Steine großzügig auf den weiten freien Flächen des Spielfeldes, bevor der Gegner das hier tut.

Eine typische Eröffnung zeigt Abbildung 35, man beginnt in den Ecken. Dann dehnt man sich über die Ränder aus und schließlich verbindet man die Steine in der Ecke mit den Steinen am Rand und bildet so Gebiete. Noch einmal: Stellen Sie sich das Umzäunen eines Grundstücks vor; zuerst werden die Zaunpfähle gesetzt: vier an den Ecken und dann entlang der Grundstücksgrenze. Danach wird der Zaun von Pfahl zu Pfahl gezogen. Das Problem im Go ist allerdings, dass der Nachbar nicht mit der von uns gedachten Grundstücksgrenze übereinstimmt und diese gern zu seinen Gunsten verschieben möchte. Dies führt dann zu den Kämpfen des Mittelspiels (siehe ab S. 55).

Goldene Ecken, silberne Ränder und eine Mitte aus Stroh

Gebiet zu besitzen, entscheidet über den Ausgang der Partie. Daher gibt es zwei Maximen im Go-Spiel: Entweder man kreist mit möglichst wenigen Steinen eine bestimmte Fläche

Tabus für Go-Spieler

Um in einer Go-Partie seinem Mitspieler Respekt zu zeigen, gilt es ein paar Feinheiten zu beachten:

- Mit den Spielsteinen wird nicht nervös herumgeklappert. Auch das Herumrühren in der Steindose verbietet sich. Solche Gewohnheiten sind unhöflich und unfair, da sie den Mitspieler stören, sich zu konzentrieren.
- Ein Stein darf nicht auf das Brett gestellt und so lange über das Brett hin- und hergeschoben werden, bis der Spieler eine günstige Position gefunden hat. Ebenso darf man nicht mit dem Finger die möglichen Fortsetzungen auf dem Brett auszählen. Auch soll man nicht mit der Hand über dem Spielbrett verweilen und so dem Gegner die Sicht auf das Spielfeld nehmen.
- Es ist ausgesprochen unhöflich, einen gesetzten Stein zurückzunehmen. Gesetzt ist gesetzt. Hat man sich für einen Punkt auf dem Brett entschieden, dann nimmt man einen Stein aus der Dose und setzt ihn ohne zu zögern auf den gewählten Punkt. Dort bleibt der Stein liegen. Wenn man erst zu spät erkennt, dass man einen Fehler gemacht hat, dann muss man mit seinen Folgen leben.
- Fällt einem Spieler beim Setzen ein Stein aus der Hand und zerstört dieser die Brettstellung, so ist zuerst die Rekonstruktion der Stellung zu versuchen. Gelingt diese nicht, dann verliert der Spieler, der den „Schaden“ verursacht hat.
- Zuschauer dürfen sich während der Partie auf keine Weise einmischen.

ein oder man umschließt eine möglichst große Fläche mit einer bestimmten Anzahl von Steinen.

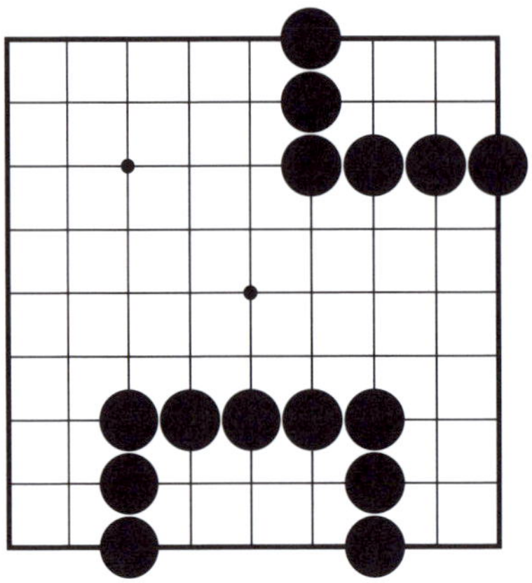

Abb. 36

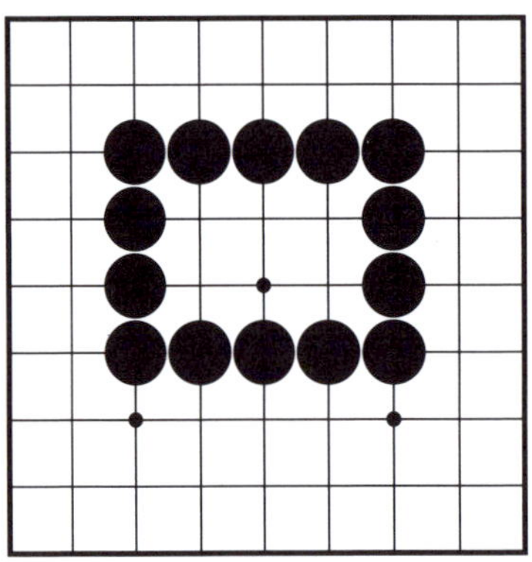

Abb. 37

Weil der Brettrand eine natürliche Begrenzung darstellt und nicht mit Steinen besetzt werden muss, benötigt ein Gebiet in der Ecke nur zwei Zäune und somit die kleinste Anzahl von Steinen. Ein gleiches Gebiet am Brettrand benötigt drei Zäune und in der Brettmitte sogar vier, um es von allen Seiten abzuschließen (vgl. Abb. 36 und 37). Daher besagt das Sprichwort: die Ecken sind Gold, die Ränder sind silbern und die Brettmitte ist nur aus Stroh. Es ist also sinnvoll, sich erst die Ecken zu sichern, denn sie sind Gold wert, danach nimmt man die Ränder. Erst am Ende versucht man, in der Mitte Punkte zu machen, denn hier gibt es – bildlich gesprochen – nur noch Stroh zu holen. Das erklärt, warum eine Go-Partie in aller Regel in den Ecken begonnen wird, sich dann über die Ränder ausbreitet und schließlich die Mitte erreicht.

Die Brettlinien

Die Linien auf dem Go-Brett bezeichnet man, vom jeweiligen Rand beginnend, als die erste, zweite, dritte Linie usw. (siehe Abb. 38).

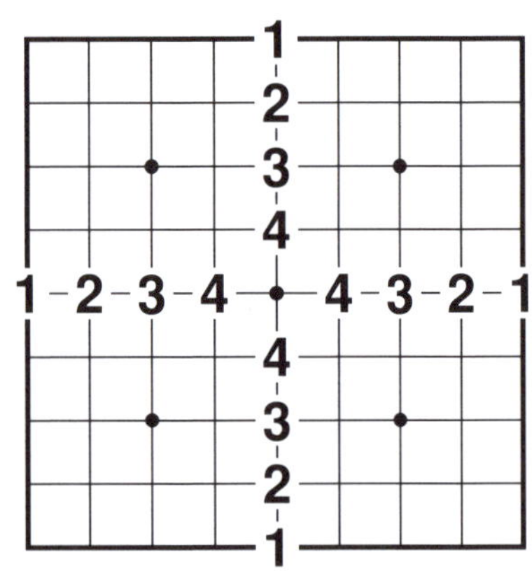

Abb. 38

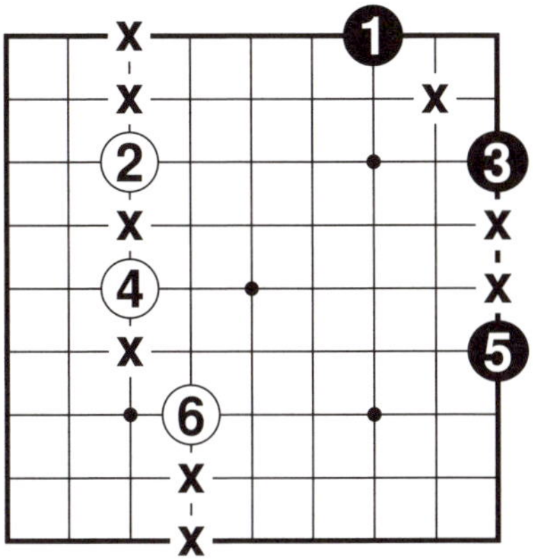

Abb. 39

In der Eröffnung ist es nicht gut, die Steine wie Schwarz in Abbildung 39 auf die erste Linie zu setzen. Auf diese Weise kann man kein oder kaum Gebiet umschließen. Auch die zweite Linie ist nicht überzeugend. Weiß dagegen markiert seine Ansprüche, indem er seine Steine auf die dritte und vierte Linie setzt. Vergleichen Sie die Flächen, die die jeweiligen Steine und die Markierungen umschließen, so erkennen Sie, dass Weiß eine deutlich bessere Position hat als Schwarz und somit das Spiel leicht gewinnen wird. Meiden Sie daher die erste und die zweite Linie in der Eröffnung.

Das Tempo

In Abbildung 40 spielt Schwarz nun nicht mehr auf der ersten Linie und sichert sich auf diese Weise ein größeres Gebiet in der rechten oberen Ecke. Weiß spielt immer auf der dritten Linie und sichert sich Ansprüche am linken und am unteren Rand. Wieder zeigen die kleinen Markierungen zwischen den Steinen auf dem Brett die imaginären, potenziellen Gebietsgrenzen an. Vergleichen Sie diese imaginär umschlossenen Flächen, so können Sie feststellen, dass sich Weiß ein weiteres Mal eine größere Fläche abgesteckt hat und somit das Spiel wahrscheinlich gewinnen wird.

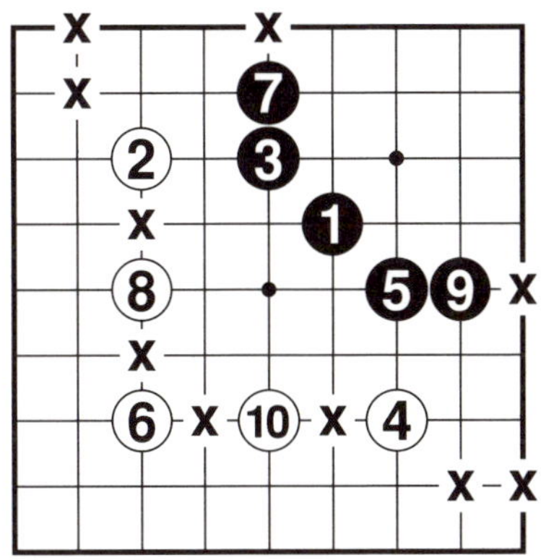

Abb. 40

Schwarz hat seine Steine immer einen neben den anderen gesetzt. Diese Spielweise ist zwar sehr sicher, aber auch sehr langsam. Weiß dagegen überspringt immer einen Punkt und kann sich so viel schneller über das Brett „bewegen“ und weitaus mehr Gebiet abstecken. Dies bezeichnet man als Tempo im Go-Spiel. Gerade in der Eröffnungsphase ist es wichtig, sich zügig zu entwickeln, um die Schlüsselpositionen auf dem Brett zu besetzen. Die schnelle, weiße Spielweise ist hier

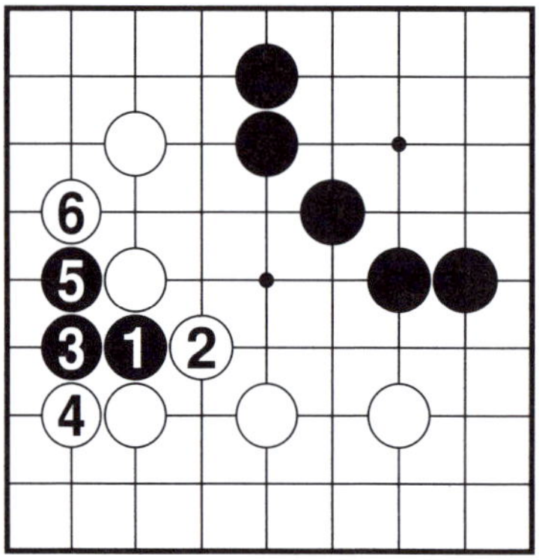

Abb. 41

der langsamen, schwarzen Spielweise überlegen. Obwohl Weiß kleine Lücken zwischen den Steinen lässt, kann Schwarz die Steine nicht so einfach trennen, denn wenn er sich zum Beispiel wie in Abbildung 41 mit 1 dazwischen setzt, dann gibt Weiß 2 sofort Atari. Der schwarze Stein hat hier kaum eine Chance, wegzurennen: Nach Weiß 6 haben die schwarzen Steine nur noch zwei Freiheiten und sind von Weiß gefangen. Setzen Sie Ihre Steine in der Eröffnung nicht unmittelbar nebeneinander. Spielen Sie weiträumig, damit Sie schneller als Ihr Gegner die wichtigsten Brettpunkte besetzen. Beschränken Sie sich nicht nur auf die dritte Linie, sondern beziehen Sie auch die vierte Linie ein. Probieren Sie verschiedene Konstellationen von Eröffnungszügen aus und lernen Sie zu erkennen, wie die ersten Steine als Grenzmarkierungen für Ihre zukünftigen Gebiete dienen.

Die Philosophie des Go

Verschiedene Legenden zur Entstehung des Go-Spiels veranschaulichen seine philosophischen Ideen und kulturellen Werte (siehe S. 11). Sie spiegeln die beiden grundlegenden Ideen des Go wieder: die Entwicklung des eigenen Charakters und die Veranschaulichung des Wettstreits zweier Elemente.

Yin und Yang

Die beiden grundlegenden Kräfte, die in der Welt wirken, bezeichneten die Chinesen mit Yin und Yang. Yin (chinesisch: dunkel) repräsentiert Erde und Mond, Kälte, Feuchte, Nacht, Stillstand und Schwäche, aber auch das Bewahrende, Kooperative und Intuitive. Es verkörpert das passive weibliche Element. Yang (chinesisch: hell), das aktive männliche Element, vertritt Himmel und Sonne, Hitze, Trockenheit, Licht und Bewegung. Es steht für das Starke, das Fordernde, Aggressive und Rationale. Die Kräfte Yin und Yang werden als gleich bedeutsam, sich ergänzend angesehen und sollen sich im Ideal immer die Waage halten. Diese beiden gegensätzlichen Kräfte und ihr Wirken prägen nahezu jeden Aspekt der chinesischen Philosophie. Yin und Yang sind nicht mit Gegensätzen wie Gut und Böse gleichzusetzen, die eine Parteiergreifung für die eine oder andere Seite erzwingen. Yin und Yang sind gleichrangig und man will keinen

Sieg des einen über den anderen. Im Gegenteil: Besteht ein Ungleichgewicht der Kräfte, dann hat das negative Folgen für das Ganze – den Organismus oder die Umwelt. In der traditionellen chinesischen Medizin versteht man Krankheiten als Anzeichen dafür, dass der Körper sich im Ungleichgewicht befindet. Eine Krankheit ist die logische Folge einer Überlegenheit der einen Kraft gegenüber der anderen. Daher geht das Streben dahin, das Gleichgewicht, die Balance zwischen den beiden Kräften herzustellen bzw. zu erhalten.

Auch auf dem Go-Brett agieren Yin und Yang in Form von schwarzen und weißen Steinen. Im Ideal sind beide Kräfte im Gleichgewicht und die Partie endet unentschieden. Ist das Gleichgewicht gestört, dann dominiert eine der beiden Kräfte und die Partie geht zu Gunsten einer Seite aus. Doch nicht nur im Ergebnis einer Partie zeigt sich das Konzept von Yin und Yang, auch in den strategischen Elementen des Spiels (siehe ab S. 64) wirkt die Balance von Yin und Yang mit. Die tiefe Verwurzelung der grundsätzlichen Prinzipien von Yin und Yang im Go-Spiel führte dazu, dass Go gern von daoistischen Mönchen gespielt wurde.

Go und buddhistische Philosophie

Obwohl das Go-Spiel viel älter ist als der Buddhismus, brachten Mönche die buddhistischen Lehren mit dem Go in Zusammenhang. Man erkannte, dass grundlegende Prinzipien der buddhistischen Ansichten von Leben und Realität sich in den Elementen des Go-Spiels widerspiegeln. Dazu gehören Leere, Unbeständigkeit und wechselseitige Abhängigkeit.

Leere

Leere ist eine Metapher für das Nichtvorhandensein, das Vorherrschen des Möglichen gegenüber dem Tatsächlichen. Offenheit ermöglicht Kreativität. Die Muster des Lebens, wie das Aufblühen einer Blüte, entstehen aus einer Vielfalt von Möglichkeiten. Sie bestehen eine bestimmte Zeit, bevor sie wieder vergehen und verschwinden. So auch im Go. Das leere Spielbrett ist der Ausgang für die Entstehung von Aktivität und Kreativität, von zahlreichen Möglichkeiten. Das Gitternetz gibt eine Beschränkung vor – und dennoch ermöglicht es einen unvorstellbaren Variantenreichtum. Hier beginnt der Spieler, seine Welt zu erschaffen. Er erkennt die unendlichen Gelegenheiten und gibt sich der Faszination des Kreierens hin. Am Ende wird das Brett wieder abgeräumt und die Steine werden zurück in die Dosen gelegt. Das Brett ist wieder leer, die Blüte ist wieder verblüht.

Leere bedeutet aber auch, dass kein bestimmter Stein auf einem bestimmten Punkt absolut richtig oder falsch ist, auch wenn sich mancher Go-Anfänger solche Formeln wünschen würde. Natürlich sind Steine auf der ersten Linie zu Beginn einer Partie äußerst ineffizient. Aber im späteren Verlauf sind dies vielleicht die Steine, die über Leben und Tod (siehe S. 46) entscheiden. Natürlich heißt das nicht, dass Steine oder Punkte, die über Leben und Tod entscheiden können, gerade in dieser Partie auch die richtigen sind. Keine Aussage hat eine absolute Gültigkeit, denn es gibt nichts Absolutes, nicht im Go und nicht im Buddhismus.

Unbeständigkeit und wechselseitige Abhängigkeit

Nichts ist beständig. Die Blüte einer Blume geht auf, erfreut den Betrachter und wird so sicher wie sie entstand, auch wieder verwelken und verschwinden. Schönheit und Erfolg sind nur von kurzer Dauer. Daher gilt es, Aufmerksamkeit auf den Moment zu legen. Unbeständigkeit führt zu Interdependenz, einer wechselseitigen Abhängigkeit. Sie ist ein wesentliches Kennzeichen des Go-Spiels. Ob ein

Berühmte Go-Spieler: Go Seigen

Der Spieler, der die Philosophie des Go-Spiels vermutlich am besten verstanden und umgesetzt hat, ist Go Seigen. Sein eigentlicher Name lautet Wu Qingyuan, aber aufgrund seiner hervorragenden Fähigkeiten im Go-Spiel gaben japanische Spieler ihm den Namen Go-Heiliger: Go Seigen. Wu wurde 1914 in Fuzhou, China, geboren. Sein außergewöhnliches Talent entdeckte man 1926, als er im Alter von dreizehn Jahren den ehemaligen „Guo Shou“ der Qing-Dynastie, den Nationalen Champion, und einen hochrangigen japanischen Gast besiegte.

Wu hatte als Kind keinen Lehrer. Er lernte das Go-Spiel aus Büchern, die sein Vater aus Japan mitgebracht hatte. Darunter war auch ein Band „Die Partien von Shusaku“, die er immer wieder nachspielte. Im Jahr 1928 wurde Wu nach Japan eingeladen, um dort Unterricht zu nehmen. Nach drei spektakulären Siegen wurde er bereits 1929 vom japanischen Profi-Verband Nihon Kiin zum 3. Dan ernannt. 1950 wurde er schließlich 9. Dan.

Wu besiegte in seiner Laufbahn nahezu alle großen Meister. Nur seine angeschlagene Gesundheit – er litt an Tuberkulose – und sein Freund Kitani konnten ihn bremsen. Gemeinsam entwickelten die beiden neue Eröffnungen, die besonders auf großen Einfluss und schnelle Spielentwicklung wert legten und auf diese Weise einen radikalen Bruch zur traditionellen Spielweise darstellten. Viele junge Spieler ahmten diesen neuen Stil nach, den man als Shin Fuseki bezeichnete. Er führte zu vielen neuen Experimenten in der Eröffnung. Wu beendete 1983 offiziell seine Profi-Laufbahn. Er ist heute über 90 Jahre alt und lebt in Tokio. Go Seigen ging als der beste Spieler des 20. Jahrhunderts in die Geschichte ein.

bestimmter Stein wichtig oder unwichtig ist, ob er gut oder schlecht ist, ob er stark oder schwach ist, hängt maßgeblich von seiner Umgebung und der Gesamtsituation auf dem Spielbrett ab. Und diese ändert sich beständig. Beständig ist also nur die Veränderung selbst. Bedeutung erhält ein Stein nur aus seiner Position auf dem Brett und aus seiner Beziehung zu anderen Steinen. Die Beziehungen zwischen den Steinen – und somit auch die Bedeutung eines Steins – sind jederzeit der Veränderung unterworfen. So können Steine, die eben noch wichtig waren, für einen größeren Zweck gänzlich unbedeutend sein und geopfert werden. Beim Setzen der Steine erlebt und lernt der Go-Spieler den stetigen Wandel von Situationen erkennen, der sich auch im eigenen täglichen Erleben widerspiegelt. Der Go-Spieler muss, wie im Leben, die Situation des Spielgeschehens ständig neu bewerten. Häufig hängt es vom individuellen Spielverständnis ab, was ein guter Zug ist. Aber auch Spielverständnis ist nichts Absolutes und so sind auch die Bewertungen über gut und schlecht nichts Definitives. Manchmal muss man feststellen, dass das, was man selbst als gut erachtet hat, überhaupt nicht clever war. Je mehr Sie über die wechselseitigen Beziehungen der Steine auf dem Brett lernen, desto tiefer dringen Sie in die unglaubliche Komplexität dieses auf den ersten Blick so einfachen Spiels ein.

Seltsame Sprichworte

Hier und da liest man von Ratschlägen, die Zen-Meister erteilen, und die so paradox klingen, dass man nicht weiß, wie sie einem helfen sollen. Fast alle Go-Spieler kennen eine Handvoll solcher Sprüche, wie „Wenn du links spielen möchtest, dann spiele erst rechts!". Im Zen wie im Go geht es darum, dass man versucht, einen bestimmten Weg zu finden, die Dinge zu sehen und sie zu erleben. Dieser besondere Weg kann nicht in einigen Regeln festgelegt oder mit gewohntem Denken verwirklicht werden. Bereits während der Tang-Dynastie wurden daher die verschiedenen Erkenntnisse über das Go-Spiel in ebenso allgemeine wie vieldeutige Gebote bzw. Redewendungen gefasst und niedergeschrieben. Aus der Vielzahl der heute existierenden Sprichworte sollen hier nur einige vorgestellt werden.

Begehre nicht zu gewinnen!

So paradox es klingen mag, aber das erste und wichtigste Gebot verlangt vom Spieler, nicht gewinnen zu wollen. Erst dann, wenn der Kopf frei ist vom Wunsch des Siegens, hat man Platz für klare Gedanken und Ruhe für eine gründliche Analyse und besonnene Überlegungen. Daraus ergeben sich gute Züge und gute Züge führen zum Sieg. Denkt der Spieler jedoch nur an das Gewinnen, kann sein Kopf nicht klar denken. Er fällt in der Folge falsche oder übereilte Entscheidungen. So ist es im Interesse des Spielers, nicht das Ziel allein vor Augen zu haben, sondern auch den Weg dahin. Der Weg ist das Ziel. Wer sich auf den Weg konzentriert und auf die Fallen und Hindernisse Acht gibt, wer nicht durch Unachtsamkeit vom Weg abkommt, der wird am Ende sein Ziel erreichen.

Aber dieses Gebot bezieht sich nicht allein auf das Go-Spiel, es lässt sich auch in zwischenmenschlichen Beziehungen nutzen. Wer in Gesprächen und Diskussionen nicht versucht, den anderen zu dominieren oder ihm seine Meinung aufzwingen, hat mehr Zeit, seinem Gesprächspartner zuzuhören. Dies schafft nicht nur eine freundliche Atmosphäre, sondern ermöglicht auch das klare Überdenken der eigenen Position und führt zu einer guten Diskussion. Selbst wenn keine Einigung erzielt werden kann, bleibt doch auf beiden Seiten der positive Eindruck zurück, dass man miteinander reden kann. Das Gebot steht also für ein konfliktfreies Zusammenleben, indem es ermahnt, keine unnötigen Konflikte zu schüren oder zu provozieren.

Gib das Kleine, nimm das Grosse!

Was soll daran das Besondere sein, mag man hier denken. Es geht hier vordergründig um das Geben, um die Bereitschaft Dinge loszulassen, auf sie zu verzichten oder auch sie anderen zu überlassen. Wer anderen gibt, dem wird auch gegeben. Es geht um das Geben und Nehmen. Die Schwierigkeit liegt nämlich nicht darin, etwas zu nehmen, sondern darin, auch etwas wegzugeben oder gar etwas auszuschlagen, was man auf einfache Weise bekommen könnte. Anfänger hängen an jedem einzelnen Stein, den sie einmal auf das Brett gesetzt haben. Sie können sich nicht oder nur kaum vorstellen, dass sie diese Steine auch wieder hergeben könnten oder sogar müssten, wenn sie keinen Wert mehr haben. Das Sprichwort besagt, dass man geben soll. Insbesondere dann, wenn einem Größeres zuteil wird, soll man bereitwillig und ohne zu zögern das Kleine abgeben. Beispiele aus dem Leben zu finden, fällt hier sicher niemandem schwer.

Stärkere Spieler nutzen die Schwäche des Menschen, alles haben und behalten zu wollen, indem sie dem Gegner kleine Geschenke machen. Sie opfern bewusst einen oder mehrere Spielsteine, denn während der Gegner damit beschäftigt ist, dass Geschenk „auszupacken", zu begutachten und sich darüber zu freuen, wenden sie sich ganz ungestört den anderen Teilen des Spielfeldes zu, wo reichlich Chancen warten Seien Sie also auf der Hut, wenn Ihnen jemand etwas zu günstigen Konditionen oder gar kostenlos anbietet. Nichts ist umsonst. Der andere möchte auch etwas haben und Sie können sich überlegen, ob Sie bereit sind, ihm dies zu geben. Vielleicht können Sie ihm ja auch etwas anderes anbieten. Das Sprichwort zielt auf ein faires Geben und Nehmen, also auf einen fairen Handel zwischen zwei Seiten ab.

Besiege zuerst dich selbst!

Der größte Gegner sitzt in uns selbst! Wer weiß das nicht. So ist es auch im Go. Gier, Ungeduld und Selbstüberschätzung stören das Gleichgewicht des Spiels und führen zu Verlusten und Niederlagen. Wer nur gierig auf die Punkte des Gegner schielt und ihm diese nicht gönnen kann, wer auf einen schnellen Sieg setzt, der überreizt das Spiel und provoziert den Verlust.

Geduld ist eine der obersten Maximen des Go. Eine Partie kann nicht in den ersten zwanzig Zügen entschieden werden. Gewinnen wird derjenige, der am Ende die wenigsten oder den vorletzten (!) entscheidenden Fehler gemacht hat. Da kein Spieler perfekt ist – selbst ein Profi nicht –, werden in jeder Partie Fehler gemacht. Mit den Fehlern kommen und gehen die Chancen. Man muss nur auf sie warten und sie erkennen. Und natürlich sollte man selbst dem Gegner so wenige wie möglich bieten. Wenn der Gegner einen Fehler macht oder zurückweicht, also seine Steine nicht mit der bestmöglichen Effizienz auf das Brett stellt, dann ist Ihr Moment gekommen, einen Vorteil zu erringen und diesen bis zum Ende der Partie zu halten. Die Kunst des Go besteht nicht darin, den Gegner mit Tricks hereinzulegen, sondern geduldig abzuwarten, bis er einen Fehler macht. Verstehen Sie das Sprichwort als freundliche Aufforderung zu Geduld und Selbstdisziplin.

Eine spielerische Lebensschule

Go-Profis wiederholen diese und andere Gebote des Spiels häufig in der Meditation vor wichtigen Turnieren, um sich so neben der technischen Spielvorbereitung auch geistig vorzubereiten und auf das Spiel einzustimmen. Durch das Beachten der Sprichworte und Gebote lernen die Go-Spieler nicht nur, ihre Steine möglichst klug und bedachtsam zu setzen, sondern sie lernen auch Entscheidungen klug und besonnen zu treffen. Die Beschäftigung mit dem Spiel bringt eine bessere Spielstärke mit sich und fördert ebenso die Weitsicht und die Fähigkeit, im Spiel wie im Leben Entscheidungen zu treffen und deren Konsequenzen zuvor abzuwägen. Go ist eine spielerische Lebensschule. Das Spiel stärkt Umsicht, Weitsicht, Konzentrationsfähigkeit und Geduld. Es bringt den Spieler in Einklang mit sich und seiner Welt.

Leben und Tod

Wie Sie bereits gesehen haben, können Steine und Ketten vom Gegner umzingelt und somit geschlagen werden. Wie kann man aber sein Gebiet vor den Angriffen des Gegners schützen? Und gibt es überhaupt absolut sicheres Gebiet? Ja, Steinketten und Gebiete können vor dem Zugriff des Gegners geschützt werden. Wie das geht, erfahren Sie im folgenden Abschnitt.

Zwei Augen leben

Vergleichen Sie die zwei schwarzen Gebiete in Abbildung 42, die jeweils zwei Punkte einschließen. Beide sind außen bereits vollständig von weißen Steinen umschlossen. Wenn Weiß nun noch die Innenfreiheiten besetzen kann, sind die Ketten vollständig umzingelt und dürfen vom Brett genommen werden. Abbildung 43 zeigt einen Angriffsversuch von Weiß. In der oberen Stellung darf Weiß nicht auf 1 spielen, denn dies wäre Selbstmord. Ein solcher Zug ist nur zulässig, wenn Weiß damit der schwarzen Kette die letzte Freiheit nimmt. Hier besitzt die schwarze Kette aber immer noch eine Freiheit auf A. Weiß kann auch nicht zuerst auf A spielen, weil dies ebenfalls ein Selbstmord wäre. Weiß kann also weder die linke noch die rechte Innenfreiheit besetzen. Solche Innenfreiheiten, die von einer Farbe eingeschlossen und voneinander getrennte Schnittpunkte umfassen, nennt man Augen. Eine Stellung mit zwei Augen kann nicht mehr geschlagen werden – man sagt, sie lebt. Betrachten Sie nun die untere Stellung in Abbildung 43. Schwarz hat auch hier zwei Punkte eingeschlossen. Handelt es sich um zwei Augen?

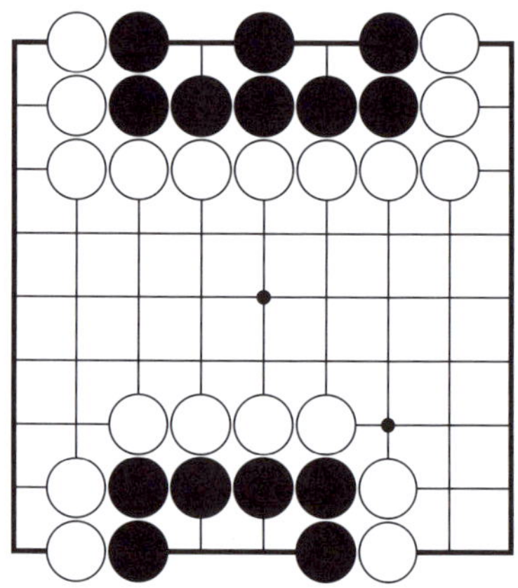

Abb. 42

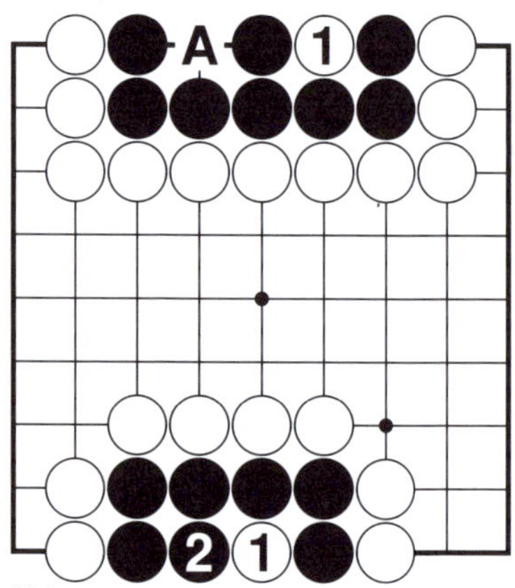

Abb. 43

Nein, denn Weiß kann zum Beispiel auf 1 im unteren Teil der Abbildung 43 spielen, da er nach dem Setzen noch eine Freiheit hat. Wenn Schwarz mit 2 den weißen Stein schlägt, dann steht plötzlich die gesamte schwarze Kette in Atari und Weiß kann sofort zurückschlagen und sieben schwarze Steine vom Brett nehmen. Die schwarze Stellung in Abbildung 42 unten hat also keine zwei Augen. Steinketten, die keine zwei Augen bilden, können geschlagen werden. Man bezeichnet sie als tote Steine. Tote Steine werden am Ende der Partie vom Brett genommen und zum Auszählen in das gegnerische Gebiet zurückgelegt. Betrachten Sie noch einmal die Abbildung von Seite 20 (hier Abb. 44). Wie viele Augen hat das schwarze Gebiet? Als einzelne Augen zählen die zusammenhängenden Flächen, die durch

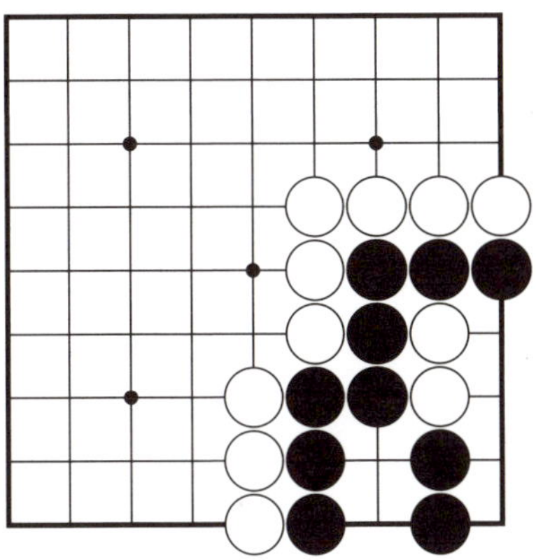

Abb. 44

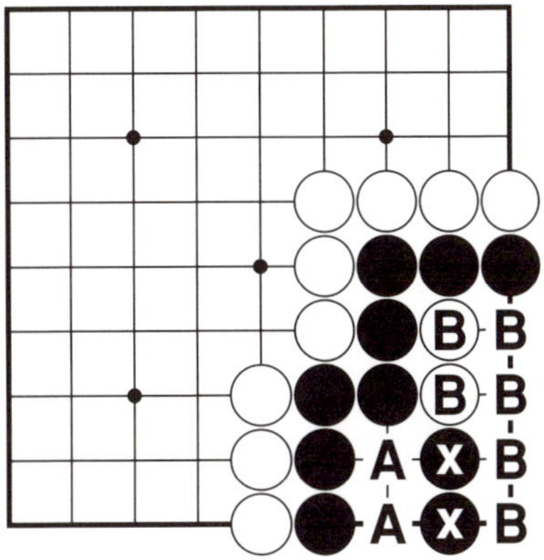

Abb. 45

Steine der eigenen Farbe von anderen Flächen getrennt sind. Das kleinste Auge besteht, wie im oberen Teil von Abbildung 42, aus genau einem Schnittpunkt. Augen können aber auch aus drei, vier oder mehr Schnittpunkten bestehen. In Abbildung 44 hat Schwarz zwei Augen, denn die zwei markierten schwarzen Steine in Abbildung 45 unterteilen das Gebiet in zwei Flächen. Die kleinere besteht aus zwei Punkten und ist mit A markiert, die größere besteht aus sechs Punkten und ist mit B markiert. Auf der B-Fläche stehen die zwei gefangenen weißen Steine. Das schwarze Gebiet hat hier zwei Augen – es kann von Weiß nicht mehr zerstört werden.

Gebiet mit drei Punkten

Betrachtet wird nun ein Gebiet mit drei Punkten (Abb. 46 oben). Wir wollen prüfen, ob diese Gebietsgröße bereits lebt oder ob die Kette vom Gegner geschlagen werden kann. Im ersten Fall nehmen wir an, dass Schwarz zuerst setzt. Dazu wurde die Stellung einmal gedreht auf dem unteren Brettrand wieder aufgebaut. Dies vermittelt ein erstes Gefühl dafür, dass eine vergleichbare Stellung in allen möglichen Situationen auftauchen kann.

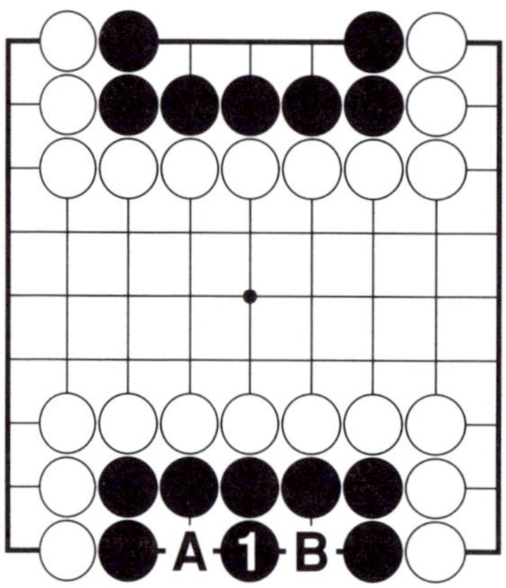

Abb. 46

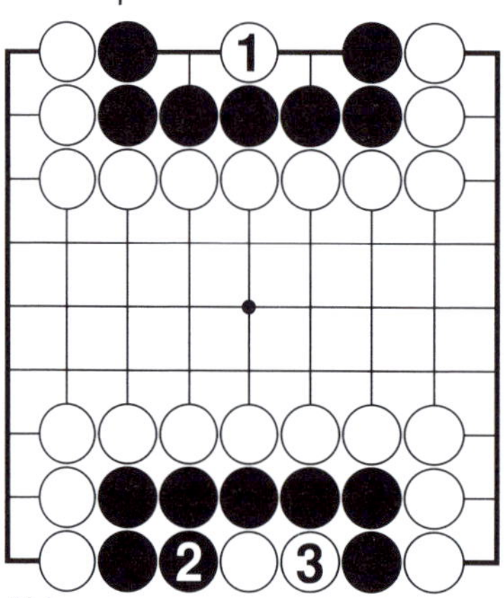

Abb. 47

Wenn Schwarz also auf 1 setzt (Abb. 46 unten), dann unterteilt er das Gebiet in zwei Augen: A und B. Wir wissen bereits, dass diese Stellung absolut sicher ist. Aber Schwarz hat nun nur noch zwei Gebietspunkte, statt den erhofften drei. Schwarz wird also nur in sein Gebiet setzen, wenn dies unbedingt notwendig ist, weil er sonst Punkte verliert. Setzt Weiß zuerst, dann muss er eine wichtige Faustregel des Go befolgen: „Des Gegners Punkt ist auch mein Punkt." Spielt Weiß also auf den mittleren der drei freien Punkte (Abb. 47 oben), dann verhindert er, dass Schwarz zwei Augen bildet. Schwarz kann nun nichts mehr ausrichten. Spielt er wie in Abbildung 47 unten auf 2, dann kann Weiß ihn sofort mit 3 schlagen. Antwortet Schwarz nicht, dann könnte Weiß selbst auf 3 spielen und Schwarz in Atari setzen. Schlägt Schwarz dann die zwei Steine auf 2, dann bleibt ein Gebiet mit zwei Punkten zurück. Dieses Zwei-Punkte-Gebiet hat aber, wie Sie schon gesehen haben, nur ein Auge. Folglich ist Schwarz tot, nachdem Weiß 1 in Abbildung 47 oben gesetzt hat. Schwarz muss demnach, wie in Abbildung 46 unten gezeigt, seine Steine mit 1 verteidigen. Für beide Spieler gilt in einem Gebiet aus drei Punkten: Spiele auf den Mittelpunkt!

Vier Punkte in einer Reihe

Diesmal hat Schwarz ein vier Punkte großes Gebiet, dass keinen eindeutigen Mittelpunkt aufweist. Muss der schwarze Spieler sein Gebiet wieder in zwei Augen unterteilen? Was passiert wenn Weiß zuerst spielt? Wenn der schwarze Spieler in Abbildung 48 auf A oder B setzt, dann teilt er sein Gebiet in zwei Augen und lebt sicher. Allerdings verliert er dadurch einen Punkt, denn das Gebiet wäre dann nur noch drei Punkte groß.

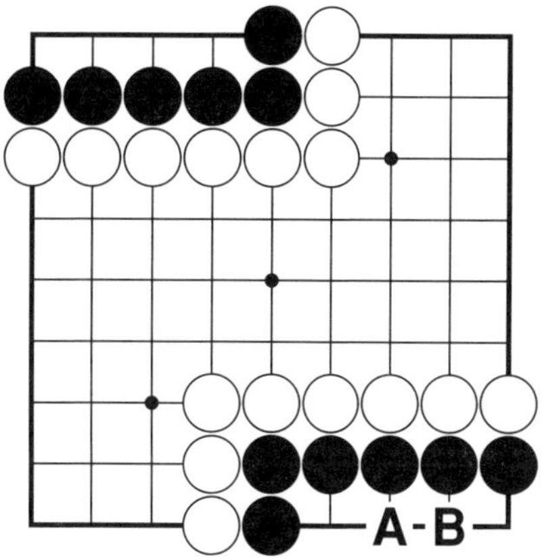

Abb. 48

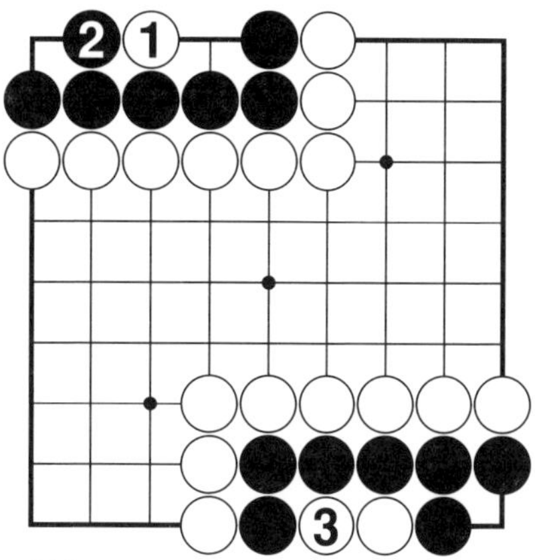

Abb. 49

In Abbildung 49 oben spielt Weiß als Erster in das schwarze Gebiet. Schwarz unterteilt es jetzt mit 2 wieder in zwei Augen. Kann Weiß jetzt noch die schwarzen Steine fangen? Nein, denn die Fortsetzung auf Weiß 3 (Abb. 49 unten) ist nicht erlaubt, weil die beiden weißen Steine keine Freiheit mehr hätten, aber Schwarz mit seiner Kette noch eine Freiheit in der Ecke hat. Ebenso darf Weiß nicht auf den Eckpunkt spielen, da er hier ebenfalls Selbstmord begehen würde. Schwarz kann also nicht mehr geschlagen werden – er lebt. Sie können sich merken: „Vier in einer Reihe leben immer“. Da Schwarz lebt, muss er also in Abbildung 48 keinen Stein zur Verteidigung mehr spielen. Er hat hier ein sicheres Gebiet von vier Punkten. In Abbildung 49 oben hat Schwarz trotz des weißen Angriffs immer noch vier Punkte, denn am Ende der Partie zählt jeder Gefangene – hier der weiße Stein – einen Punkt. Schwarz hat folglich drei Gebietspunkte plus einen Punkt für den gefangenen Stein.

Fassen wir zusammen: Eine Stellung lebt, wenn sie zwei Augen hat oder jederzeit in zwei Augen unterteilt werden könnte. Es gibt demnach Gebiete, die man nicht unbedingt sofort in zwei Augen unterteilen muss. Aber Vorsicht: Es gibt auch Gebiete, bei denen es unbedingt notwendig ist, sie sofort zu unterteilen, beispielsweise die Drei-Punkte-Gebiete. Ein weiteres Beispiel ist die „Tote Fünf“.

Die Tote Fünf

Wenn Gebiete von vier Punkten in einer Reihe leben, dann leben auch Gebiete mit fünf Punkten in einer Reihe. Was aber ist mit der Gebietsform in Abbildung 50? Kann diese Form eines Gebiets jederzeit in zwei Augen unterteilt werden oder muss Schwarz hier sofort zwei Augen bauen? In Abbildung 51 oben setzt Weiß auf 1 und verhindert, dass Schwarz sein Gebiet in zwei Augen unterteilen kann. Egal was Schwarz jetzt ausprobiert, er hat keine Möglichkeit mehr, zwei Augen zu bilden. Probieren Sie es am besten selbst aus!

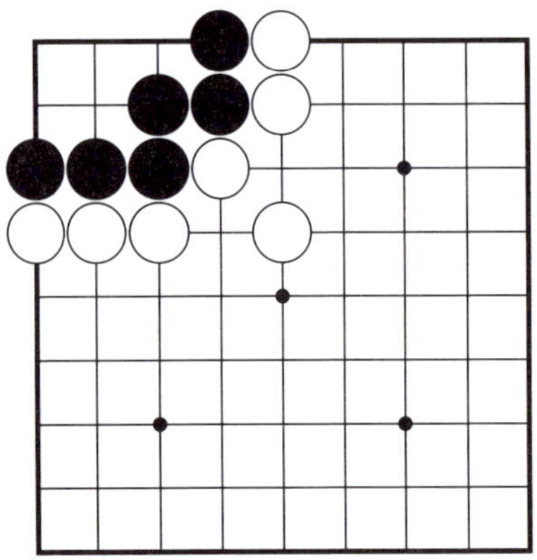

Abb. 50

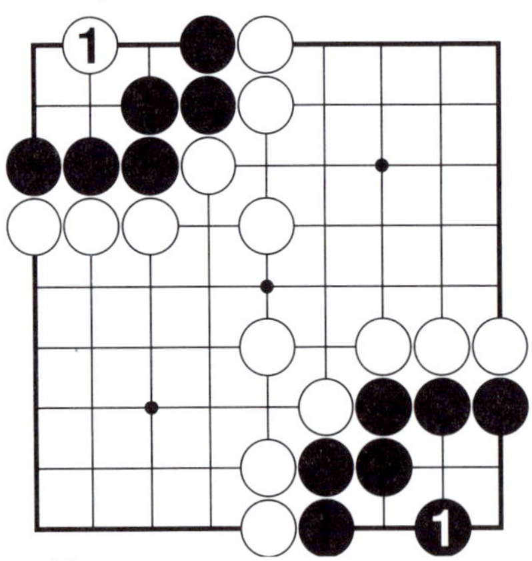

Abb. 51

Wenn Schwarz also in Abbildung 50 nicht verteidigt, dann kann Weiß töten. Daher nennt man diese Gebietsform die „Tote Fünf“. Schwarz muss also rechtzeitig einen weiteren Stein in sein Gebiet setzen, um das Gebiet gegen einen weißen Angriff zu schützen. Gemäß der Faustregel „Des Gegners Punkt ist auch mein Punkt“ ist Schwarz 1 in Abbildung 51 unten der richtige Punkt. Jeder andere Punkt wäre ein Fehler, denn dann würde Schwarz entweder sterben oder ein gefährliches Ko um seine Steine spielen müssen.

Kette versus Gruppe

Bisher haben wir Gebiete gesehen, die von einer einzelnen Steinkette umschlossen wurden. In Abbildung 52 sehen wir ein schwarzes Gebiet aus zwei Punkten, dass durch zwei Ketten gebildet wird.

Weiß hat in diesem Beispiel keine Möglichkeit, entweder die eine oder die andere Kette zu schlagen, denn die beiden schwarzen Ketten bilden zusammen eine lebende Position mit zwei Augen. Man spricht daher von einer lebende Gruppe.

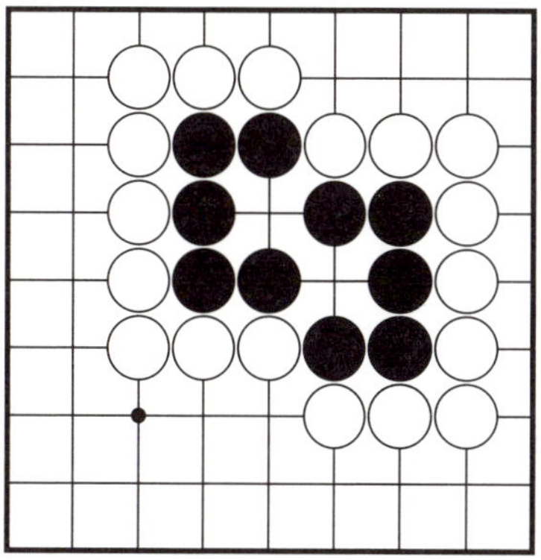

Abb. 52

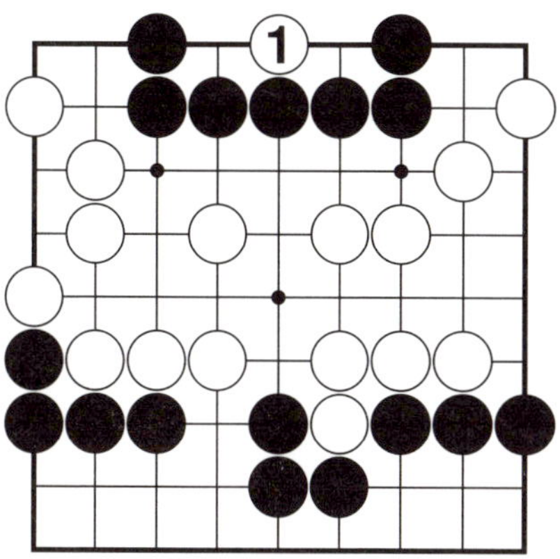

Abb. 53

Als Gruppen werden alle Steine einer Farbe bezeichnet, die nahe beieinander stehen und von gegnerischen Steinen nicht getrennt werden können. In Abbildung 53 sehen wir zwei schwarze Gruppen. Jeweils eine am oberen und eine am unteren Brettrand. Obwohl die Ketten am unteren Rand nicht durchgängig sind, wird der weiße Spieler sie nicht trennen können. Die weißen Steine bilden ebenfalls eine große Gruppe, die die schwarze Gruppe am oberen Brettrand weiträumig umzingelt und so eine Verbindung zu den schwarzen Steinen am unteren Brettrand verhindert. Die schwarze Gruppe am oberen Rand muss daher selbstständig leben, das heißt, sie muss in der Lage sein, ihr Gebiet in zwei Augen zu unterteilen. Doch das ist nach Weiß 1 nicht mehr möglich. Auch hat die schwarze Gruppe keine Möglichkeit mehr, ein weiteres Auge „anzubauen", da nicht ausreichend Platz zur Verfügung steht. Obwohl die schwarze Gruppe noch alle Außenfreiheiten besitzt, ist sie bereits tot, da sie keine zwei Augen mehr bilden kann.

Unechte Augen

Für Anfänger wie Fortgeschrittene ist es häufig sehr schwer, immer sicher zu beurteilen, ob eine Gruppe lebt oder tot ist. Um vorherzusehen, was passiert, wenn der Gegner in das Gebiet spielt und welche Möglichkeiten zur Gegenwehr ergriffen werden können, muss man sich einige Züge im Voraus vorstellen können. Manchmal genügt es auch, genau hinzusehen und zu überlegen, ob eine Stellung zwei sichere Augen hat.

In Abbildung 54 oben auf Seite 52 könnte man denken, dass die schwarze Gruppe ein Gebiet mit zwei Punkten umschlossen hat. Doch einer der beiden Punkte ist kein „echtes" Auge. Die Kette aus drei schwarzen Stei-

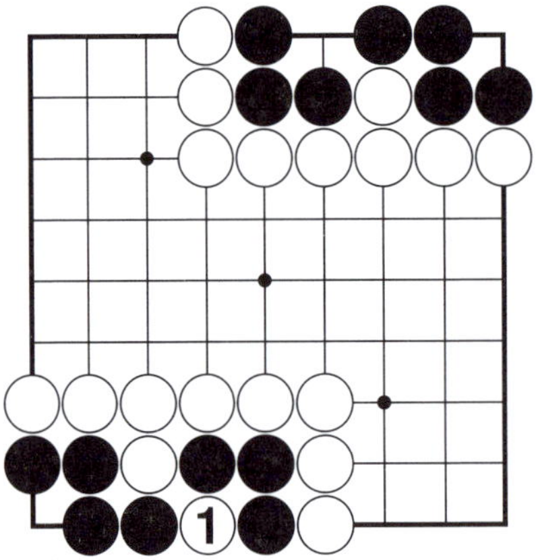

Abb. 54

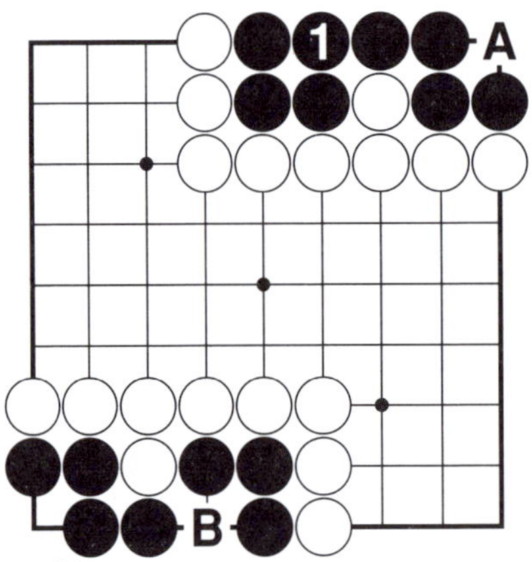

Abb. 55

nen hat nur eine Freiheit und ist nicht mit der Kette aus vier Steinen verbunden. Weiß kann daher mit 1 in Abbildung 54 drei schwarze Steine schlagen. Nun hat die schwarze Stellung nur noch ein Auge und ist eindeutig tot. Wenn der schwarze Spieler auf 1 in Abbildung 55 spielt, um das Schlagen der drei Steine zu verhindern, dann haben die schwarzen Steine nur noch eine Freiheit, nämlich den mit A gekennzeichneten Punkt. Sie stehen jetzt in Atari und Weiß kann sie jederzeit schlagen.

Daher nennt man den Punkt B in Abbildung 55 unten ein „unechtes" Auge. Unecht deshalb, weil Schwarz es zusetzen müsste, wenn die Außenfreiheiten von Weiß besetzt wurden. Bitte merken Sie sich: Für eine lebende Stellung sind immer zwei echte Augen notwendig.

Wer hat wen?

Betrachten Sie die Abbildung 56. Können Sie sagen, welche Steine hier tot sind und welche leben? Was ist insbesondere mit den beiden einzelnen weißen Steinen auf der linken bzw. der rechten Randlinie?

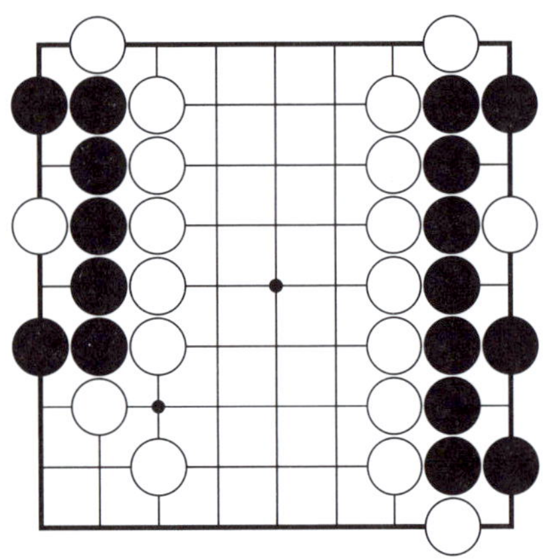

Abb. 56

Richtig, der weiße Stein auf der linken Randlinie lebt, denn er tötet die schwarze Steinkette. Dieser weiße Stein verhindert zwei Augen. Dies ist exakt die gleiche Grundstellung, wie auf Abbildung 47 von Seite 48.
Der einzelne weiße Stein auf der rechten Randlinie dagegen ist tot, denn die schwarze Gruppe hat hier zwei Augen und lebt somit bedingungslos. Weiß kann diese zwei Augen nicht mehr verhindern. Wäre die Partie jetzt zu Ende, würden der einzelne weiße Stein auf der rechten Randlinie und die sieben schwarzen Steine auf der linken Seite vom Brett genommen werden.
Dieses Beispiel verdeutlicht, welche wechselseitigen Beziehungen zwischen den Steinen bestehen können und wie sie für eine nahezu unendliche Komplexität des Spiels sorgen. Ein einzelner Stein erhält seine Bedeutung aus der Beziehung zu anderen Steinen auf dem Brett. Ob ein bestimmter Stein wichtig oder unwichtig ist, entscheidet die Umgebung bzw. die Gesamtsituation. In diesem Beispiel ist der weiße Stein auf der linken Randlinie sehr bedeutungsvoll, denn er fügt dem Gegner großen Schaden zu. Der weiße Stein auf der rechten Randlinie hat keine Bedeutung. Er ist verloren und kann nicht mehr gerettet werden.
Achten Sie im Go also stets darauf, wer, wann, wie und vor allem wen umzingelt hat. Da jeder versucht, den anderen zu umzingeln und es erlaubt ist, auch in das gegnerische Gebiet zu setzen, muss man genau aufpassen, wer nun tatsächlich wen umzingelt hat. Wer nur seine eigenen Pläne verfolgt und nicht darauf achtet, was der Gegner vorhat, wird viele böse Überraschungen erleben. Also haben Sie stets ein wachsames Auge auf Ihren Gegner …

Übungen Kapitel Zwei

Trauen Sie sich, die in diesem Kapitel erklärten Spielsituationen auf Ihrem Brett nachzubilden! Übung macht den Meister. Sie werden sehen, wie weit Sie schon vorwärts gekommen sind (Lösungen siehe ab S. 118).

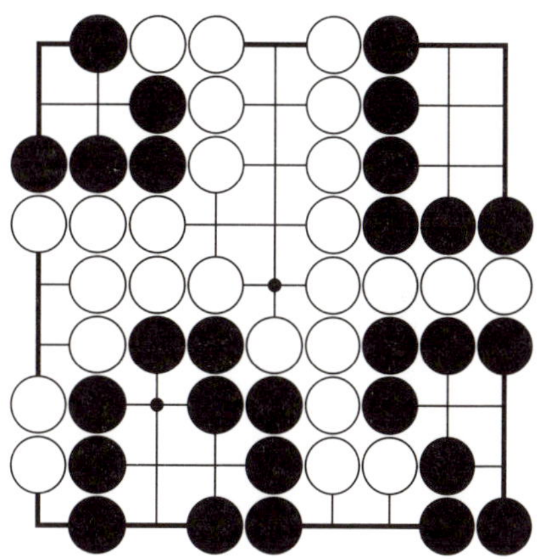

Ü 8

Übung 8: Wie kann Schwarz für die vier eingeschlossenen Gruppen mit jeweils einem Stein zwei Augen bilden?

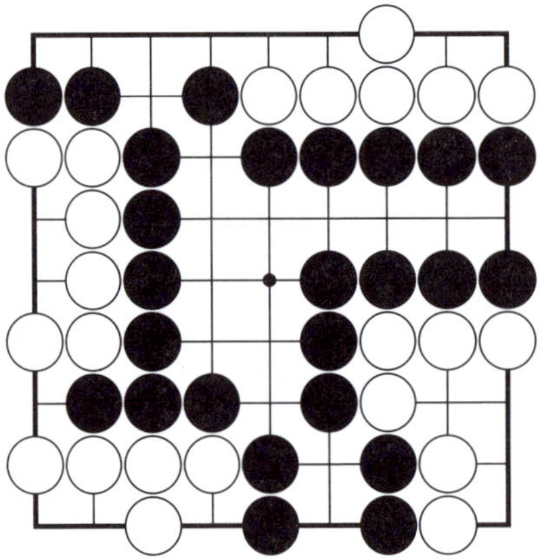

Ü 9

ÜBUNG 9: Wie kann Schwarz die weißen Gruppen töten? Betrachten Sie auf der linken Seite alle weißen Steine zusammen!

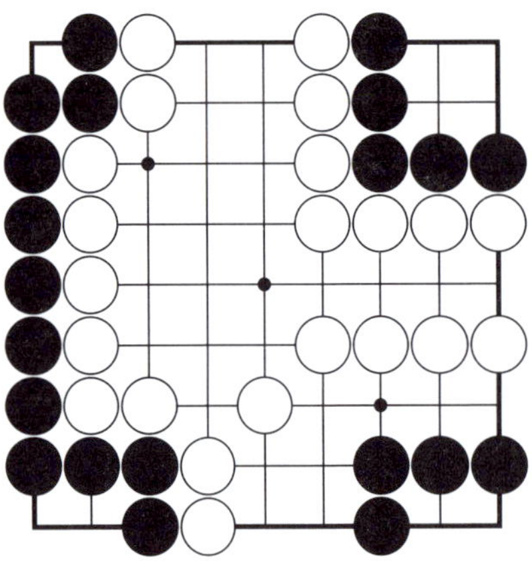

Ü 10

ÜBUNG 10: Welche der drei schwarzen Gruppen leben?

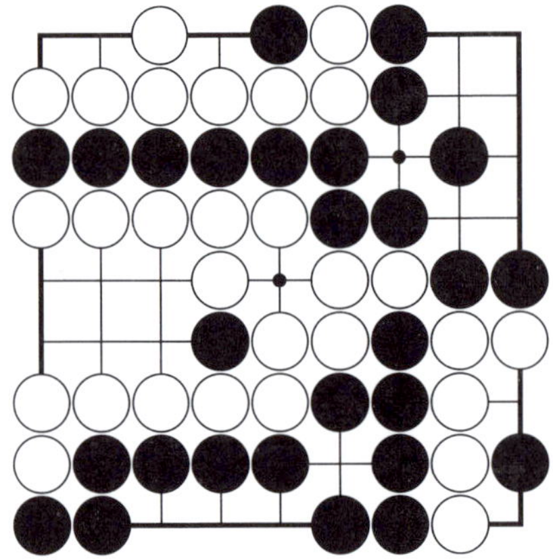

Ü 11

ÜBUNG 11: Die Abbildung zeigt das Ende einer Partie. Während der Partie wurden ein weißer und zwei schwarze Steine geschlagen. Weiß erhält 4,5 Komi. Ermitteln Sie das Ergebnis (beachten Sie dabei die toten Steine)!

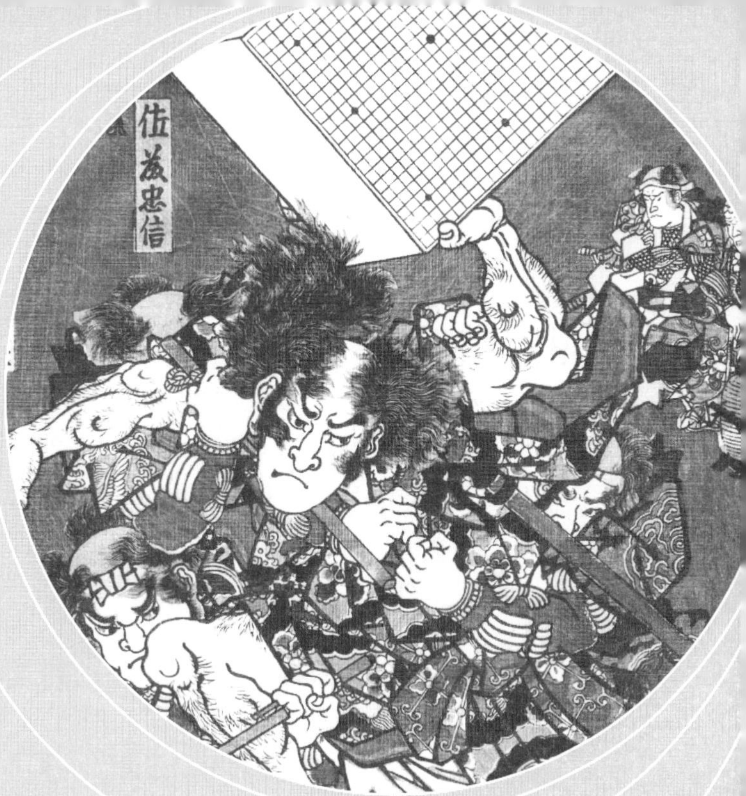

Kapitel Drei
Mittelspiel

Das Mittelspiel beginnt da, wo sich beide Spieler nicht mehr einig darüber sind, was dem anderen zusteht. So beginnen die Verwicklungen und komplizierten Kämpfe mit Angriff, Verteidigung und Invasionen …

Steine fangen

Das Kapitel beginnt mit einigen interessanten taktischen Elementen des Go-Spiels. Das Fangen von Steinen ist, wie Sie wissen, nicht das wichtigste Ziel des Spiels. Doch das Fangen von Steinen ermöglicht es, eigene Gebiete zu sichern oder zu vergrößern bzw. gegnerische Gebiete zu verkleinern. Daher werden im Folgenden wichtige Grundlagen und Techniken zum Fangen von Steinen vorgestellt und erläutert.

Freiheiten zählen

Im Mittelspiel kommt es in der Regel zu komplizierten Kämpfen, weil beide Spieler versuchen, sich gegenseitig zu umzingeln und so Steine des Gegners zu schlagen. Um in solchen Situationen den Überblick zu behalten, muss man die Freiheiten der im Kampf beteiligten Steine und Steinketten zählen. Haben die eigenen Steinketten mehr Freiheiten als die gegnerischen, dann ist man im Vorteil, denn man kann den Gegner schneller fangen. Hat man selbst weniger Freiheiten, dann wird wahrscheinlich der Gegner schneller sein.

In Abbildung 57 hat Weiß soeben einen schwarzen Stein abgeschnitten und versucht, diesen zu fangen. Der einzelne schwarze Stein hat zwei Freiheiten. Der einzelne weiße Stein hat ebenfalls nur zwei Freiheiten. Schwarz ist am Zug. Wird es Schwarz gelingen, den weißen Stein zu fangen?

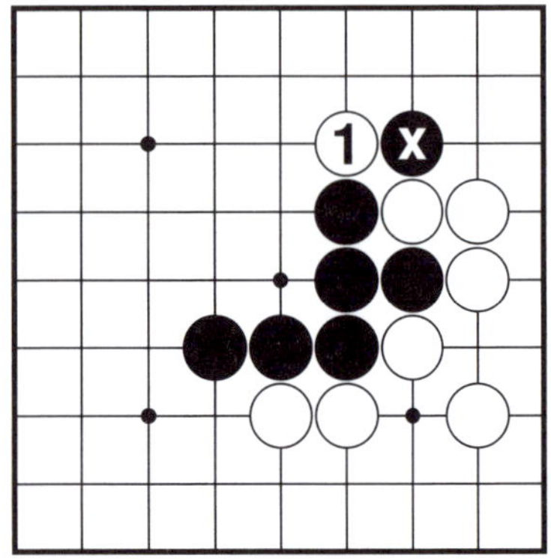

Abb. 57

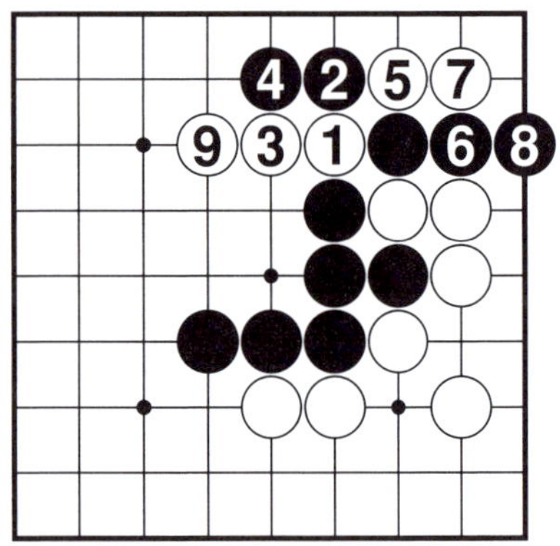

Abb. 58

Schwarz nimmt in Abbildung 58 mit 2 dem weißen Stein zuerst eine Freiheit weg. Weiß läuft jetzt mit 3 los und Schwarz nimmt ihm mit 4 wieder eine Freiheit weg. Doch plötzlich wechselt Weiß mit 5 die Richtung und greift wieder an. Schwarz muss jetzt selbst mit 6 und 8 wegrennen. Aber am Rand gibt es kein Entkommen mehr, nach Weiß 9 ist die Aktion ein Desaster für Schwarz. Die schwarze Kette aus drei Steinen hat nur noch zwei Freiheiten. Die weißen Ketten haben dagegen drei oder sogar vier Freiheiten. Schwarz wird es also nicht mehr schaffen, die weißen Steine zu fangen. Spielen Sie die Abfolge am besten nach und zählen Sie nach jedem neu gesetzten Stein die verbleibenden Freiheiten für beide Seiten! Beobachten Sie, wie sich die Situation mit jedem Stein verändert. Überprüfen Sie selbst, dass Schwarz hier keine Chance mehr hat, indem Sie die letzten Züge ausspielen.

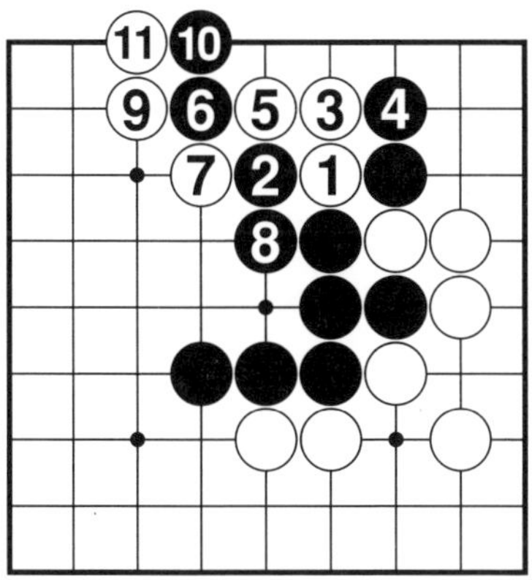

Abb. 59

Nachdem Schwarz 2 in Abbildung 58 offensichtlich nicht funktioniert, versucht er es nun mit 2 in Abbildung 59, um so den weißen Stein an den Rand zu drängen. Weiß 3 flüchtet wie erwartet. Wieder nimmt Schwarz mit 4 eine Freiheit und Weiß biegt am Rand mit 5 um. Nachdem Schwarz 6 eine weitere Freiheit

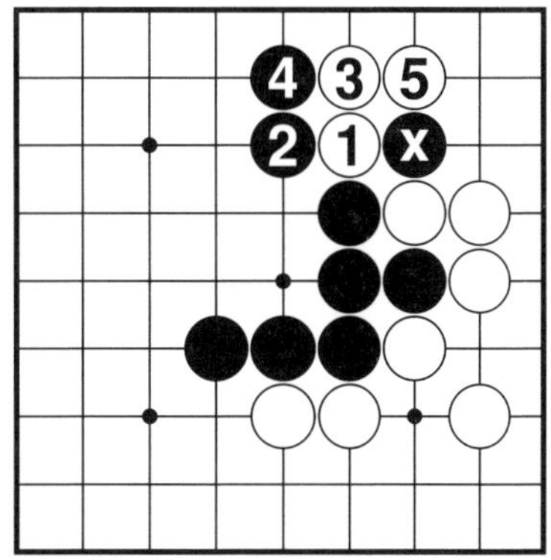

Abb. 60

besetzt, kontert Weiß 7 mit Atari, Schwarz 8 deckt und Weiß 9 ist Atari auf den nächsten schwarzen Stein. Nach Weiß 11 kann Schwarz mit den beiden Steinen 6 und 10 nicht mehr flüchten, denn Weiß schlägt sie sofort. Damit gewinnt Weiß so viele Freiheiten, dass er die beiden schwarzen Steine in der Ecke auch noch problemlos fangen kann.
Zählen Sie auch in dieser Variante nach jedem gesetzten Stein die verbleibenden Freiheiten aller beteiligten Steine nach! Da Schwarz offensichtlich keine Chance hat, den weißen Stein zu fangen, sollte er den markierten Stein wie in Abbildung 60 opfern. Das Zählen von Freiheiten ist ein ganz wichtiges Element in den Kämpfen des Go-Spiels. Versuchen Sie daher so früh wie möglich, sich das Zählen der Freiheiten anzugewöhnen. Es wird Ihnen helfen, in komplizierten Situationen den Überblick zu bewahren.

Die Treppe

In Abbildung 61 möchte Schwarz gern den markierten weißen Stein fangen, denn er trennt die zwei schwarzen Ketten. Der weiße Stein hat nur zwei Freiheiten. Wie soll Schwarz in diesem Fall strategisch am besten vorgehen? Wir werden sehen.

In Abbildung 62 spielt Schwarz mit 1 ein Atari von der rechten Seite, Weiß wehrt sich und verlängert den einzelnen Stein. Soweit ist noch nicht viel passiert. Damit Weiß nicht entkommt, spielt Schwarz nun mit 3 ein Atari von unten (Abb. 63) und wieder streckt Weiß, um zu entkommen.

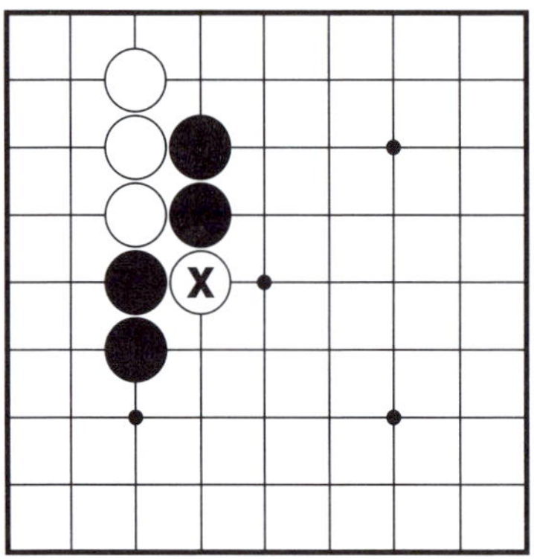

Abb. 61

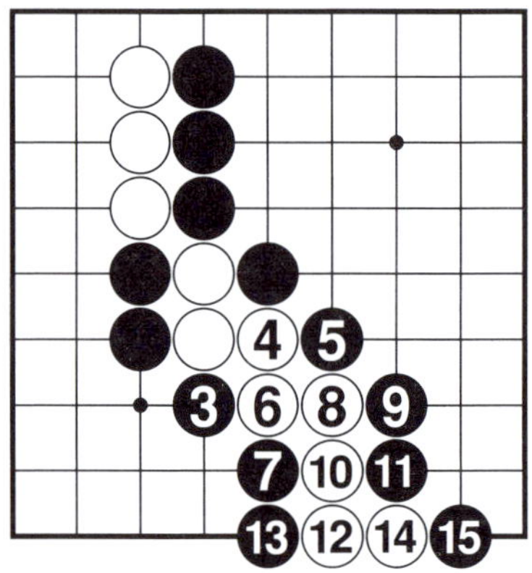

Abb. 63

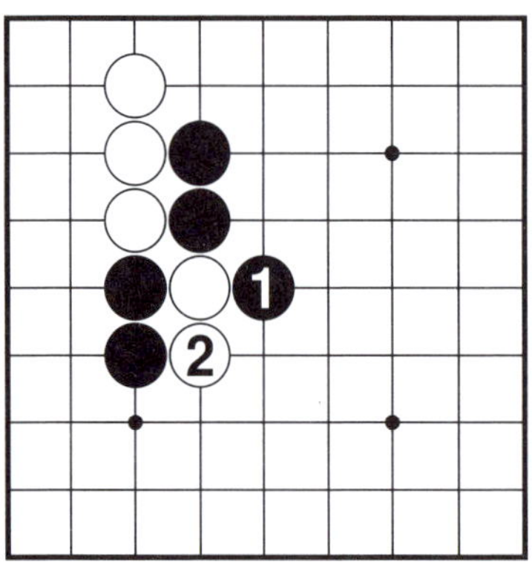

Abb. 62

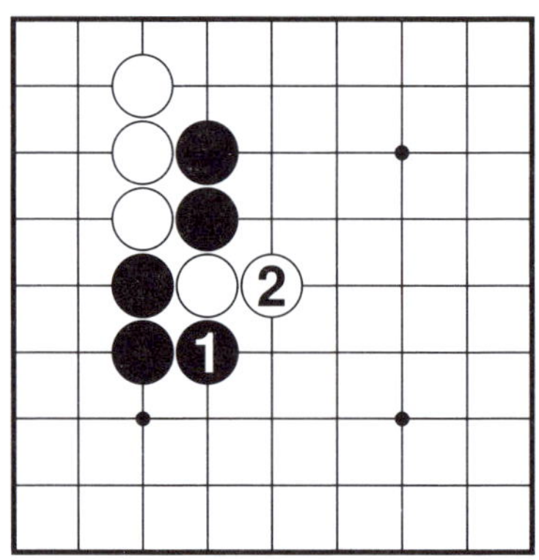

Abb. 64

Und weiter geht es: Schwarz Atari von rechts, Weiß streckt, Schwarz Atari von unten, Weiß streckt, Schwarz Atari von rechts, Weiß streckt, Schwarz Atari mit 11 und plötzlich ist der Rand da. Hier kann Weiß nicht mehr entkommen. Versucht er es dennoch, dann wird Schwarz spätestens mit 15 acht weiße Steine schlagen.

Das entstandene stufenförmige Muster nennt man aufgrund seiner Form „Treppe“. Wenn Weiß in Abbildung 62 erkennt, was auf ihn zukommt, dann sollte er die Treppe natürlich nicht mitspielen und lieber den einzelnen Stein opfern. Wenn er zu sehr an diesem Stein festhält, dann verliert er sogar noch viele weitere Steine.

Der schwarze Versuch in Abbildung 64 führt leider nicht zu dem gewünschten Ergebnis. Nach dem Atari auf 1 streckt Weiß mit 2 und gewinnt drei Freiheiten. Nun kann Weiß in verschiedene Richtungen flüchten und Schwarz hat keine Möglichkeit, ihn aufzuhalten. Der Trick der Treppe besteht also darin, den Gegner besonders geschickt anzugreifen und ihn zum Rand zu treiben, wo er nicht mehr entkommen kann.

Das Netz

Ein Netz hat bekanntlich Löcher, die jedoch kleiner sind als der Fisch, den man damit fangen will. Ein solches Netz gibt es auch im Go. In Abbildung 65 trennt der weiße markierte Stein wieder die schwarzen Steine in zwei einzelne Ketten. Wie kann Schwarz diesen Stein fangen?

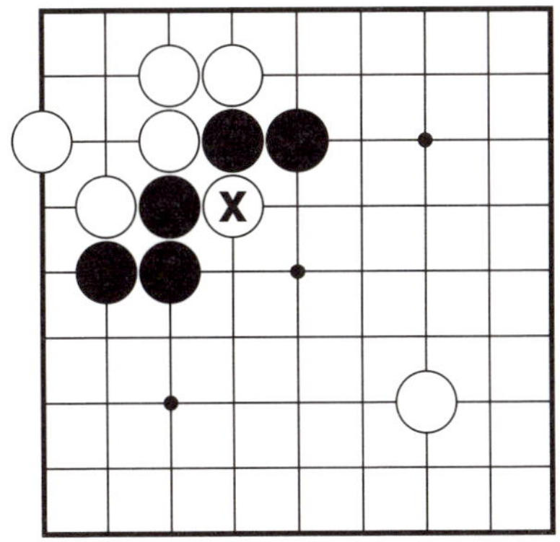

Abb. 65

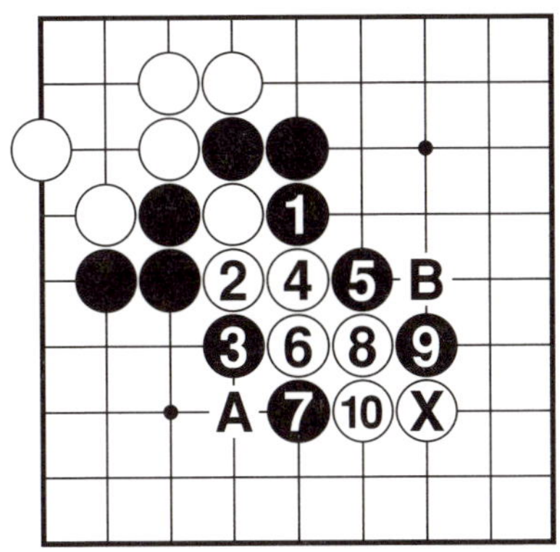

Abb. 66

In Abbildung 66 versucht Schwarz mit 1 bis 9 den weißen Stein in einer Treppe zu fangen. Aber Weiß rennt erst mit 2 bis 8 weg und verbindet dann mit 10 mit dem markierten Stein.

Plötzlich ist die Kette viel größer und hat drei Freiheiten. Schwarz kann sie jetzt nicht mehr fangen. Stattdessen drohen ihm selbst überall gefährliche Schnitte und Doppelatari wie zum Beispiel auf den Punkten A und B. Weil der markierte weiße Stein die Treppentechnik vereitelt, nennt man ihn einen „Treppenbrecher“. Bevor man also eine Treppe spielt, sollte man zuerst prüfen, ob nicht irgendwelche Steine des Gegners „im Weg liegen“ und die Treppe stören.

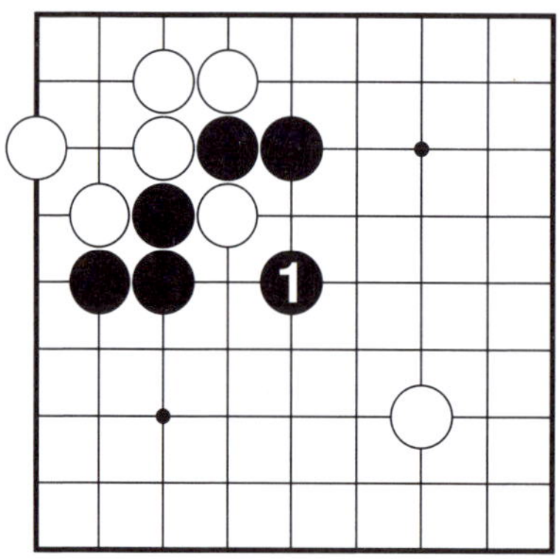

Abb. 67

Schwarz muss hier also einen anderen Weg finden um den weißen Stein zu fangen, denn die Treppentechnik versagt in diesem Fall. Schwarz 1 in Abbildung 67 fängt den weißen Stein mittels eines Netzes. Links und rechts von dem schwarzen Stein gibt es noch ein Loch. Aber wenn Weiß versucht, durch diese Löcher zu entkommen, dann kann Schwarz

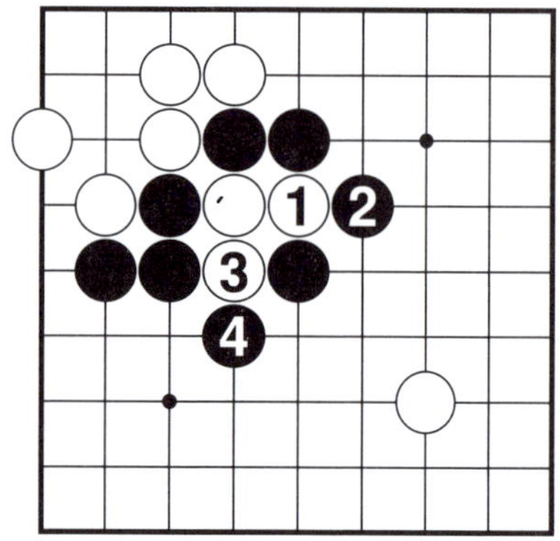

Abb. 68

sie verschließen. Abbildung 68 zeigt, dass Weiß tatsächlich keine Chance hat. Der Fisch im Netz „zappelt“ noch mit 1 und 3, aber das Netz hält ihn mit 2 und 4 fest gefangen. Schwarz 4 schlägt drei weiße Steine. Weiß sollte daher den einzelnen Stein aufgeben und keine erfolglosen Fluchtversuche unternehmen.

Die Mausefalle

Eine Mausefalle ist eine Vorrichtung, bei der man der Maus erst ein wenig Käse hinhalten muss, damit man sie fangen kann. Das funktioniert im Go ganz genauso. Weiß kann in der Abbildung 69 zwei schwarze Steine fangen. Welche sind es und wie muss Weiß vorgehen? Die zwei schwarzen Steine in der Brettmitte sind von Weiß schon weitgehend umzingelt und haben nur noch zwei Freiheiten. Weiß muss also nur noch diese beiden Freiheiten

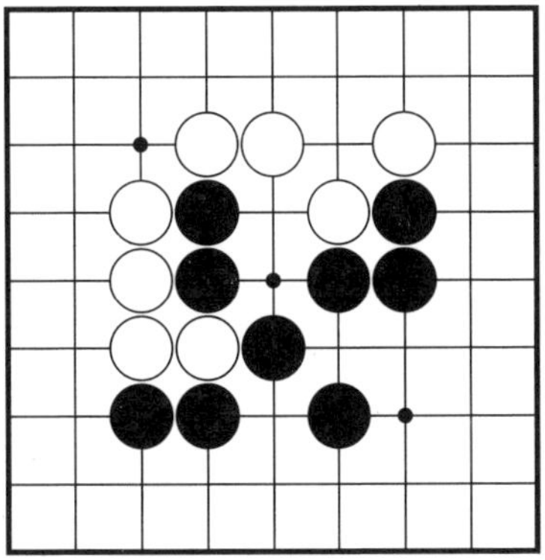

Abb. 69

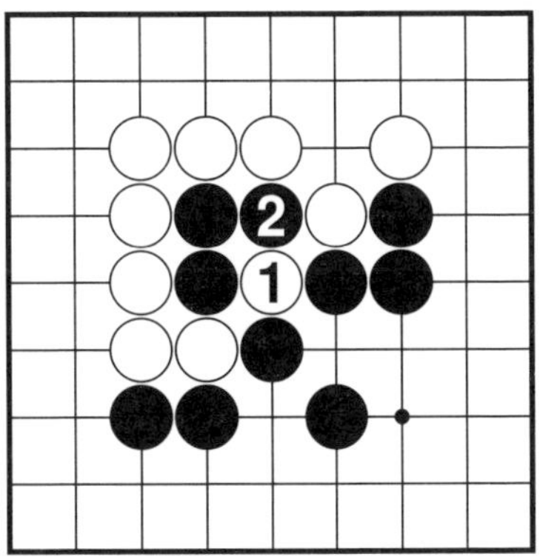

Abb. 70

besetzen und kann dann die zwei Steine vom Brett nehmen. In Abbildung 70 beginnt Weiß mit 1, eine dieser Freiheiten zu besetzen. Schwarz 2 schlägt den weißen Stein. Es sieht so aus, als sei Weiß 1 nicht so gut gewesen. Aber wie steht es jetzt? Schwarz hat nun eine Kette von drei Steinen mit nur einer Freiheit. Wenn man diese letzte Freiheit besetzt, dann sind die drei Steine geschlagen. Also spielt Weiß jetzt 3 in Abbildung 71 und schlägt die drei markierten Steine.

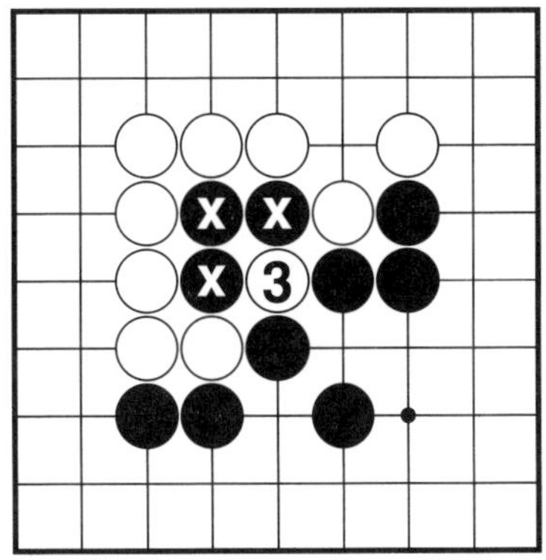

Abb. 71

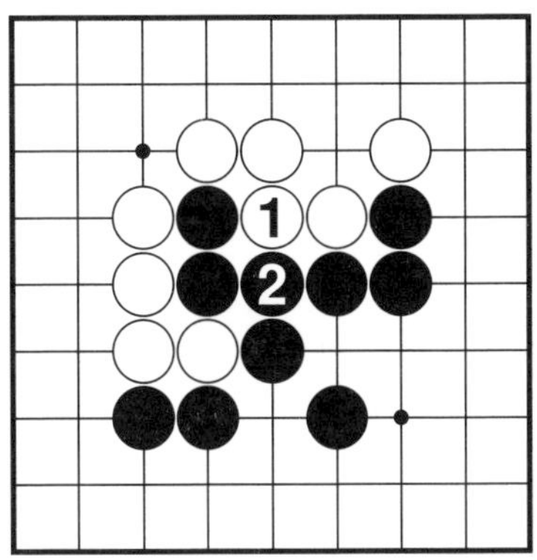

Abb. 72

Weiß 1 in Abbildung 70 ist gleichsam der Käse, der zum Anlocken der Maus ausgelegt wird. Wenn die Maus kommt und den Käse frisst, hier Schwarz 2, dann schlägt die Falle mit Weiß 3 zu!

Das Atari mit Weiß 1 in Abbildung 72 führt nicht zum Erfolg, denn Schwarz verbindet jetzt mit 2 alle seine Steine und Weiß hat keine Chance, auch nur irgendeinen Stein zu fangen. Mausefallen sind in einer Go-Partie häufig nur sehr schwer zu erkennen, aber noch schwerer ist es, sie aufzustellen.

Tesuji: Clevere Kampfzüge

Als Tesuji werden im Allgemeinen clevere und besonders geschickte Kampfzüge bezeichnet. Sie sehen häufig sehr unscheinbar aus, sind aber höchst effektiv. Tesuji können verschiedene Aufgaben übernehmen, wie zum Beispiel gegnerische Steine zu fangen oder eigene Steine zu verbinden. Sie haben schon verschiedene Tesuji und deren Aufgaben kennen gelernt: das Fangen von Steinen mit einem Netz, um eigene Steine zu verbinden; das Opfern eines Steins in einer Mausefalle, um gegnerische Steine zu fangen; das Töten von ganzen Gruppen, indem die „Augen ausgestochen" werden (vgl. Weiß 1 in Abb. 47 oben auf S. 48). Es gibt außerdem viele weitere Tesuji, die man je nach Situation auf dem Spielbrett einsetzen kann.

Viele Formen im Go haben Namen aus der Tier- und Pflanzenwelt. Abbildung 73 zeigt das Kranichnest. Finden Sie das Tesuji, mit dem Schwarz die drei markierten weißen Steine fangen kann?

Der „Trick" besteht darin, erst einen Stein zu opfern und aus diesem Opfer Nutzen zu ziehen. Abbildung 74 zeigt Ihnen die richtige Reihefolge. Schwarz 1 ist der einzige richtige Zug in dieser Situation – das Tesuji eben. Probieren Sie es aus!

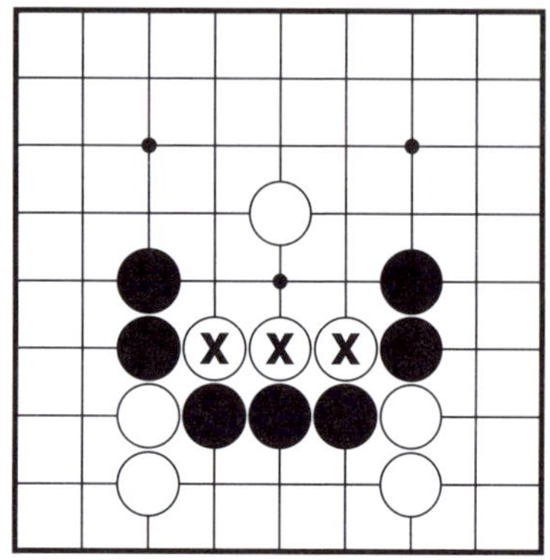

Abb. 73

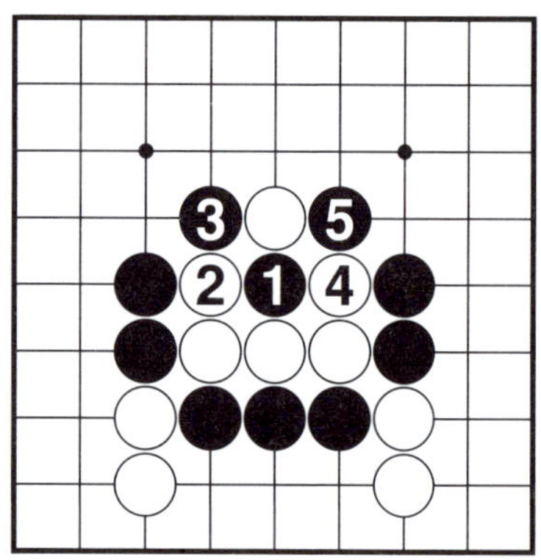

Abb. 74

Seki: eine Art Zwickmühle

Das Seki ist keine Technik zum Fangen von Steinen, sondern eine besondere Situation wie sie hin und wieder in Go-Partien auftaucht. In Abbildung 75 sieht man eine weiße Kette A und eine schwarze Kette B, die sich in der Brettmitte gegenseitig abschneiden. Keine der beiden Ketten hat die Möglichkeit, sich an die Außenkette der jeweiligen Farbe anzubinden. Ebenso haben beide Ketten keine Augen und sind so prinzipiell in großer Gefahr, geschlagen zu werden. Doch wer fängt hier wen zuerst?

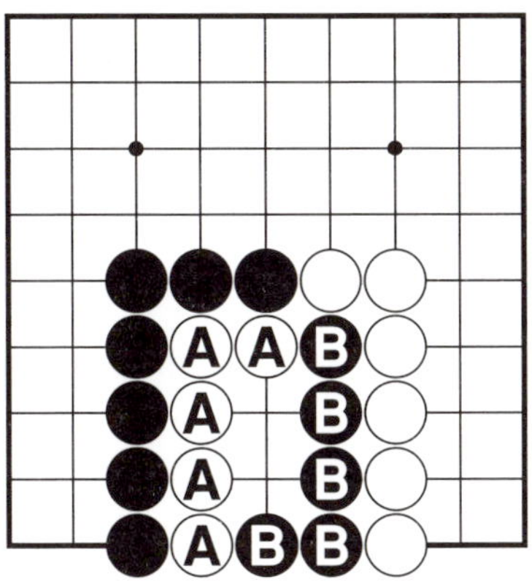

Abb. 75

Beide Ketten haben nur noch zwei gemeinsame Innenfreiheiten. Beginnt Weiß mit 1 in Abbildung 76 die schwarze Kette in Atari zu setzen, dann setzt er sich gleichzeitig selbst in Atari und Schwarz wird umgehend mit 2 sechs weiße Steine schlagen. Weiß will fangen, wird

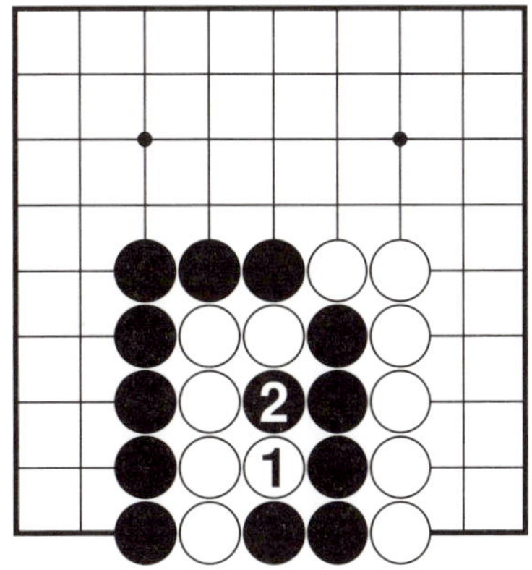

Abb. 76

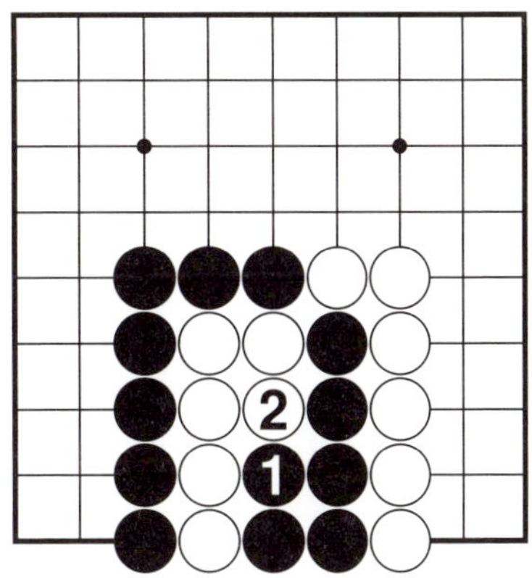

Abb. 77

aber selbst gefangen. Also wird Weiß hier nicht setzen wollen. Beginnt der schwarze Spieler mit 1 in Abbildung 77 die weiße Kette in Atari zu setzen, dann setzt er sich gleichzeitig selbst in Atari.

Weiß wird umgehend mit 2 sechs schwarze Steine schlagen. Schwarz will fangen, wird aber selbst gefangen. Also wird auch der

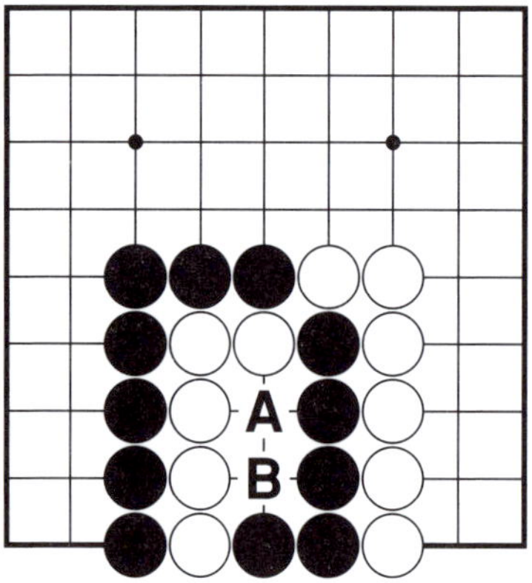

Abb. 78

schwarze Spieler hier nicht setzen wollen. Beide Spieler wollen in dieser Situation weder auf A noch auf B (Abb. 78) setzen, weil sie kein Interesse daran haben, selbst geschlagen zu werden.

Da man sie auch nicht zwingen kann, hier zu spielen, bleibt die Stellung bis zum Ende der Partie unausgespielt stehen. Man nennt diese besondere Stellung ein „Seki".

Das Seki ist eine kunstvolle Symbiose der schwarzen und weißen Steine, denn es leben alle am Seki beteiligten Steine und Ketten, obwohl sie keine zwei Augen haben. Sie leben, weil sie vom Gegner nicht gefangen werden können.

Die Punkte A und B werden wie neutrale Punkte behandelt und in der Endabrechnung nicht mitgezählt. Das Seki ist manchmal eine der letzten Möglichkeiten, bedrohte Steine zu retten.

Die Strategie des Go

Im Folgenden werden einige strategische Konzepte des Go-Spiels vorgestellt. Erst auf dem großen 19x19-Brett kommen diese Konzepte richtig zum Tragen, aber auch auf dem kleinen Brett lassen sie sich veranschaulichen und anwenden.

Das Konzept der Balance

Es wird immer wieder erzählt, dass Go ein harmonisches Spiel ist. Tatsächlich haben wir aber gesehen, dass es sehr kämpferisch zugeht: Es werden Steine gefangen, Netze und Fallen gebaut. Steine geschlagen, Stellungen angegriffen, Invasionen geplant und ganze Gruppen von Steinen getötet. Wie kommt man dazu, Go als harmonisches Spiel zu bezeichnen?

In der Strategie des Go-Spiels wird die perfekte Balance zwischen Übermut und Zurückhaltung, zwischen Sicherheit und Risiko und zwischen Angriff und Verteidigung angestrebt, was im Wesentlichen auch den fernöstlichen Religionen zu Grunde liegt. Dementsprechend ist der fundamentale Unterschied von Go zu Spielen der westlichen Welt, dass Go nicht den totalen Sieg anstrebt wie das Schachmatt beim Schach, sondern dass man sich in einem bestimmten Maß mit dem Mitspieler arrangiert. Denn der Gewinner einer Go-Partie ist derjenige, der

Die Geschäftswelt als Go-Spiel

Mit dem Fall der traditionellen Gesellschaften in China und Japan im späten 19. und zu Beginn des 20. Jahrhunderts hatte es den Anschein, dass das Go-Spiel in Vergessenheit geraten würde. Aber in Japan geschah Unerwartetes. Junge Mitglieder der wachsenden kapitalistischen Kräfte besannen sich auf die traditionellen Werte und erkannten in den strategischen Prinzipien des Go-Spiels neue Anwendungsmöglichkeiten. Sie waren überzeugt, dass nicht nur Sun Zi's „Die Kunst des Krieges" oder die klassische Abhandlung über die „36 Strategeme" auf die moderne wirtschaftliche Praxis anwendbar sind, sondern dass auch die Lektionen des Go die grundlegenden Prinzipien und Gesetze des Wirtschaftslebens widerspiegeln. Diese jungen Wirtschaftsakteure sahen die Geschäftswelt als Go-Brett und entwickelten danach ihre Strategien.

Man beginnt in den Ecken mit der Sicherung von stabilen Ausgangspositionen, expandiert dann über die Ränder, bevor man sich auf gefährliche Kämpfe um bestimmte zentrale Regionen und Vormachtstellungen mit dem Gegner einlässt. So wird zum Beispiel in bestimmten Regionen, in denen der Gegner stark ist, nicht investiert, um nicht unnötig Kapital zu verlieren. Man will gewinnen, aber man muss auch zulassen, dass der Gegner etwas gewinnt. Denn ein großer Kampf um alles käme einem Pyrrhus-Sieg gleich und würde die Zerstörung beider Seiten bedeuten. Man begann daher eigens Go-Profis zu engagieren, um auf diesem Wege das taktische und strategische Geschick der Mitarbeiter zu schulen.

Heute werden nicht nur japanische Manager im Go ausgebildet, auch chinesische Business Schools entdecken das Spiel wieder und integrieren es in ihren Lernplan. Go kann sicher keine Wunder vollbringen, aber die Spieler sammeln Erfahrungen, schärfen ihre Analysefähigkeit und verinnerlichen effiziente Problemlösungstechniken.

bei der Aufteilung des Spielfelds ein wenig geschickter ist und so am Ende ein oder zwei Punkte mehr vorzuweisen hat. Der Verlierer wird nie vollständig vernichtet, er hat meistens nur einen geringeren Anteil der Punkte erzielt. Sie wissen ja, wer gewinnen will, der muss dem anderen auch etwas überlassen. Wer aber alles haben will, der wird sich schnell übernehmen und am Ende gar nichts besitzen. Daher gilt es, die Balance zu wahren und nicht zu sehr von ihr abzuweichen, denn dies kann ebenso unerwartete wie unangenehme Folgen haben. Das Wahren der Balance zwischen den Aktionen und Kräften im Go-Spiel führt zu dem Bild eines ausgeglichenen, harmonischen Spiels.

Das Konzept von Gebiet und Einfluss

Von strategischer Bedeutung ist das Konzept von Gebiet und Einfluss. Wenn man gebietsorientiert spielt, dann legt man sein Augenmerk insbesondere darauf, feste Positionen in den Ecken und am Rand des Bretts aufzubauen, um sichere Gebiete abzustecken und somit sichere Punkte zu erzielen. Man ist darauf bedacht, die Gebietsanlagen des Gegners nicht zu groß werden zu lassen und sie rechtzeitig zu verkleinern. Je nach Situation funktioniert dies durch Reduktion, das Drücken von außen, oder durch Invasion, das Aufbauen einer kleinen, lebenden Gruppe innerhalb des gegnerischen Gebiets.

Andererseits ist es auch möglich, einflussorientiert zu spielen. Dies stellt in gewisser Weise einen Gegensatz zum gebietsorientierten Spiel dar. Man versucht hierbei vor allem starke Positionen aufzubauen, die oft wie „Wände" aussehen und ins Zentrum gerichtet sind. Zunächst wird hierdurch kein Gebiet gemacht, vielmehr wird Einfluss auf die umgebenden Teile des Bretts ausgeübt. Vorteile bringt dies besonders in Kämpfen, die im Einflussgebiet eines Spielers ausbrechen. Natürlich muss man sich auch darum kümmern, dass am Ende genügend Gebiet entsteht. Das Aufbauen von Einfluss ist vergleichbar mit Investitionen in die Zukunft; man erhält nicht sofort einen zählbaren Gewinn, sondern erwartet diesen erst in späteren Abschnitten der Partie.

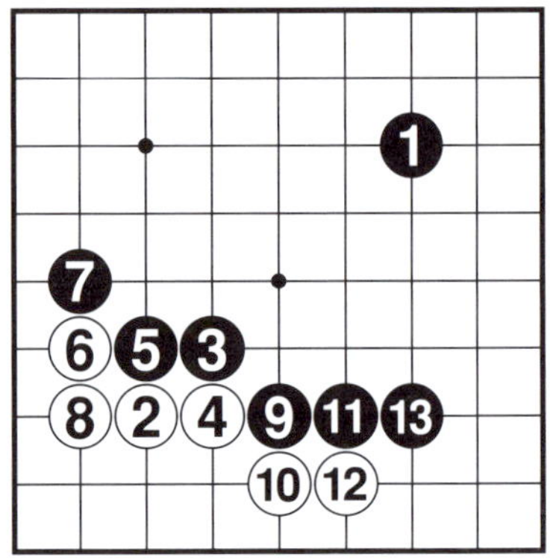

Abb. 79

Abbildung 79 zeigt den Beginn einer Go-Partie. Weiß hat ein sicheres Gebiet in der unteren linken Ecke umschlossen. Weiß hat sich also auf sichere Punkte konzentriert. Schwarz dagegen hat eine große Wand aufgebaut, die zwar noch kein sicheres Gebiet umschließt, jedoch einen gewaltigen Einfluss auf die obere Bretthälfte ausübt. Wenn Weiß nicht aufpasst oder nichts dagegen unternimmt, könnte Schwarz die gesamte obere Brettseite in Gebiet umwandeln.

Setzt Weiß jetzt einen Stein in die obere Bretthälfte, dann invadiert er die schwarze Einflusssphäre. Es beginnt ein Kampf um Leben und Tod. Wenn die weiße, invadierende Gruppe keine zwei Augen bilden kann, ist sie tot und Schwarz gewinnt mit einem großen Vorsprung. Wenn Weiß es schafft, innerhalb des schwarzen Einflussbereichs zwei Augen zu bilden, dann ist entscheidend, wer im Verlauf dieses Kampfs mehr Gebietspunkte sichern konnte. Schwarz hat in diesem Kampf einen klaren Vorteil, denn seine Steine sind in der Überzahl. Er muss den Kampf also nicht fürchten. Die weißen Steine am unteren Brettrand sind dagegen vom Rest des Bretts abgeschnitten und können demnach bei einer Invasion keine Unterstützung leisten.

Das Ideal in einer Go-Partie ist in der Regel eine Balance zwischen Gebiet und Einfluss. Je weniger Gebiet Sie haben, desto mehr Einfluss sollten Sie gewinnen und andersherum.

Stärke und Schwäche

Lebende Gruppen sind stark. Ein Angriff gegen sie lohnt sich in aller Regel nicht. Man kann sich das wie eine gut geschützte Burg vorstellen, an der jeder Angriff wirkungslos abprallt. Stärke bedeutet aber nicht nur Sicherheit, Stärke bedeutet vor allem, von einer sicheren Stellung aus auch angreifen zu können. Die Steine in starken, unangreifbaren Gruppen im Go-Spiel zu formieren, ist ein Grundanliegen der Spieler.

Gruppen, die noch keine zwei Augen oder nur wenig Platz haben, zwei Augen zu bilden, werden als schwach bezeichnet. Sie sind der Ballast, den ein Spieler mit sich herumschleppt, denn sie stellen seine Schwachpunkte dar. Was nützt einem das schönste Haus, wenn das Mauerwerk marode und somit die Stabilität gefährdet ist! Schwache Gruppen bieten dem Gegner gute Angriffsziele. Denken Sie also rechtzeitig daran, Ihre Gruppen zu stärken und sie gegen mögliche Angriffe zu schützen.

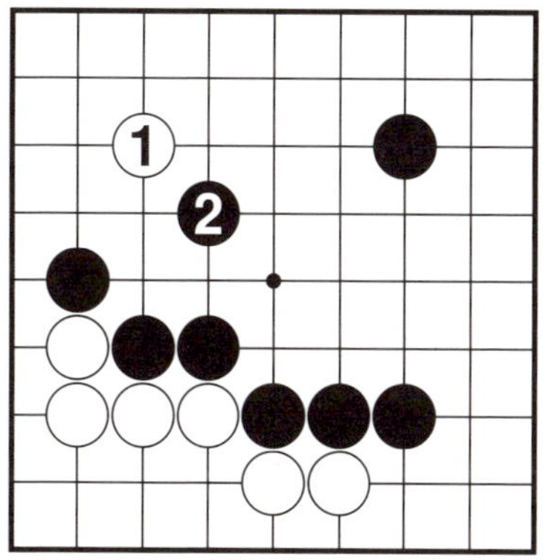

Abb. 80

Abbildung 80 zeigt eine mögliche Fortsetzung der Partie aus Abbildung 79. Der einzelne weiße Stein auf 1 ist schwach, denn er hat keine zwei Augen und steht ganz allein einer großen schwarzen Übermacht gegenüber. Die schwarzen Steine bilden eine starke Formation. Sie sind schwer anzugreifen und können ihr volles Potenzial einsetzen, um den einzelnen weißen Stein anzugreifen.

Die weißen Steine am unteren Brettrand sind weder stark noch schwach. Sie sind einfach nur sicher, weil sie nicht angreifbar sind. Aber ihnen fehlt jede Form von Stärke, weil man von dieser Stellung aus keine großen Angriffe planen kann.

Global denken, lokal handeln

Wie oft hat man diese Maxime in der heutigen Zeit der Globalisierung schon gehört? Global denken, ist im Go-Spiel die klare Aufforderung, sich nicht nur auf eine Ecke oder eine kleine Gruppe von Steinen zu konzentrieren, sondern stets das gesamte Brett im Auge zu behalten und die Auswirkungen eines jeden Zugs für das gesamte Brett einzuschätzen. Es gilt, die Wechselwirkungen zwischen den Steinen, die Auswirkungen der Verschiebung von Kräfteverhältnissen und Balancen auf das gesamte Brett zu beachten. Ein ebenso klassisches wie einfaches Beispiel ist das Berücksichtigen von Treppenbrechern, bevor man ansetzt, einen Gegner mit einer Treppe über das ganze Brett zu jagen. Erst wenn man die globalen Zusammenhänge durchschaut, sieht man, wie lokal am vorteilhaftesten gehandelt werden kann.

Jede Handlung wird auf lokaler Ebene ausgeführt. Lokal handeln bedeutet, selbst aktiv sein, selbst mitwirken und so einen Beitrag für das Ganze zu leisten. Es ist leicht, sich in lokalen Kämpfen zu verzetteln und die Sicht für das gesamte Brett zu verlieren. Daher gilt es, sich regelmäßig darüber klar zu werden, welche Auswirkungen die aktuellen Geschehnisse auf das Gesamtgeschehen haben. Schauen Sie sich die Fortsetzung der Partie aus Abbildung 80 an (Abb. 81 und 82). Es soll hier nicht jeder gesetzte Stein erläutert werden, sondern nur die Art und Weise wie Schwarz spielt. Schwarz will die Stärke seiner Steine nutzen, um die weiße Invasion nicht

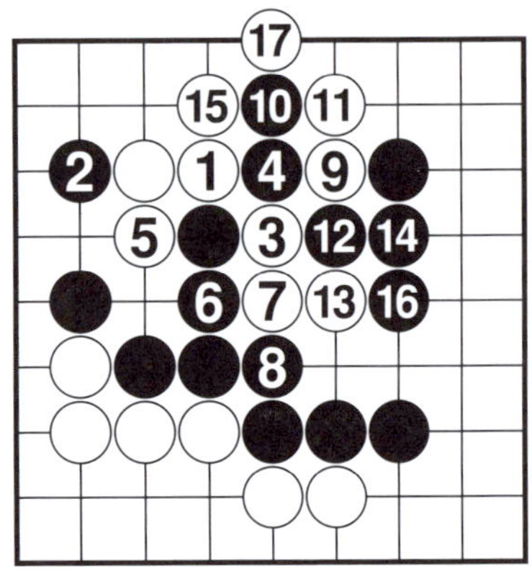

Abb. 81

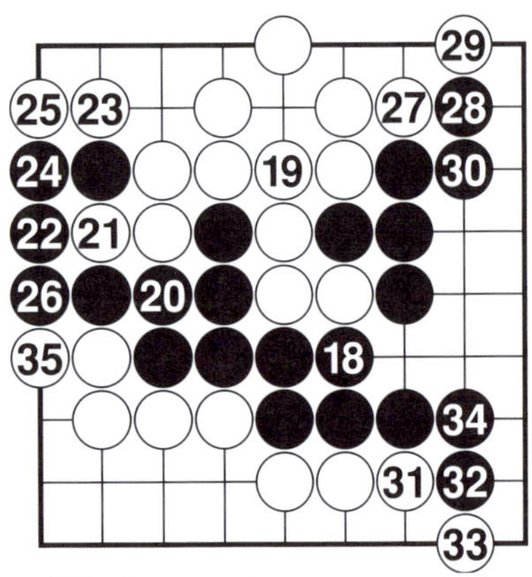

Abb. 82

nur abzuwehren, sondern die weißen Steine vollständig zu fangen und zu liquidieren. Das Ergebnis zeigt Abbildung 82: Schwarz scheitert in seinem Versuch, die weiße Gruppe zu töten und bekommt gerade einmal neun Punkte Gebiet, während Weiß sich an etwa 16 Gebietspunkten erfreuen kann. Hinzu kommen zwei geschlagene Steine und Komi. Schwarz hat lokal sicher exzellente Züge gespielt, dabei aber das eigentliche Ziel außer Acht gelassen.

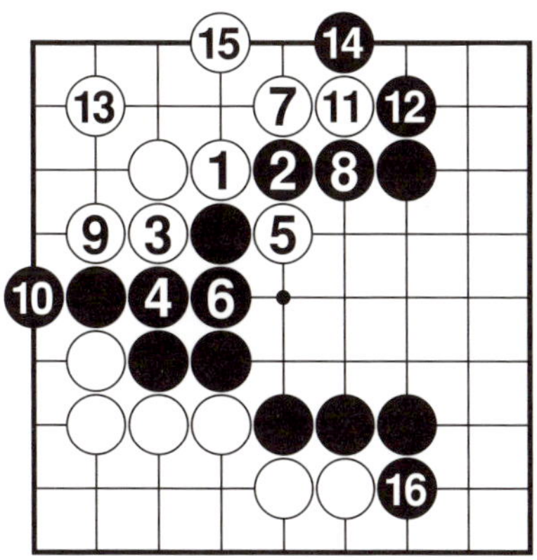

Abb. 83

Vergleichen Sie nun einen zweiten möglichen Partieverlauf nach der weißen Invasion (Abb. 83). Schwarz übt hier ebenfalls Druck auf die weißen Steine aus. Doch statt sie unbedingt töten zu wollen, nutzt er den Druck um großflächig Gebiet abzusichern.

Nach Schwarz 16 hat er ungefähr 25 Punkte auf dem Brett. Weiß kann dagegen nur etwa 15 Punkte erwarten. Selbst mit den Komi hat Weiß kaum eine Chance, im Endspiel noch genügend Punkte zu machen und die Partie zu gewinnen. Global denken und lokal handeln, bedeutet: Treffen Sie stets die beste Entscheidung für das Gesamtziel und geben Sie unter Umständen lokale Vorteile auf, wenn diese einen größeren globalen Nachteil mit sich bringen.

Gehe nicht auf die Jagd, wenn dein Haus brennt

Sie wissen schon, dass Sprichworte und Gebote einen wesentlichen Bestandteil des Go-Spiels darstellen. An dieser Stelle werden drei Sprichworte vorgestellt, deren Bedeutung und Beachtung auf keinen Fall zu unterschätzen sind.

Das erste ist so prägnant wie aussagekräftig: Gehe nicht auf die Jagd, wenn dein Haus brennt! Wenn es brennt, ist zuerst das Feuer zu löschen. Was nützt einem die erfolgreiche Jagd nach einem prächtigen Stück Wild, wenn das Haus vollständig abgebrannt ist? Die Aussage spielt somit eindeutig auf das richtige Timing an. Eine Handlung kann, sei sie auch noch so wertvoll, unangemessen sein, wenn sie zu früh oder zu spät ausgeführt wird. Es kommt auf den richtigen Zeitpunkt an. Im Go drückt dieses Sprichwort die eindeutige Warnung aus, mit einer Gruppe, deren eigene Sicherheit nicht gewährleistet ist, andere Gruppen des Gegners anzugreifen.

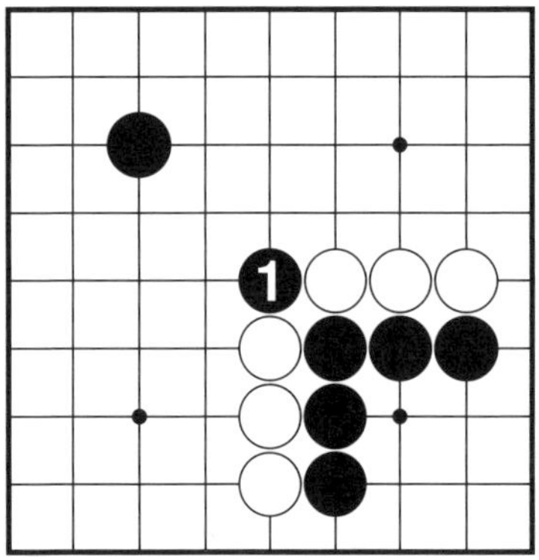

Abb. 84

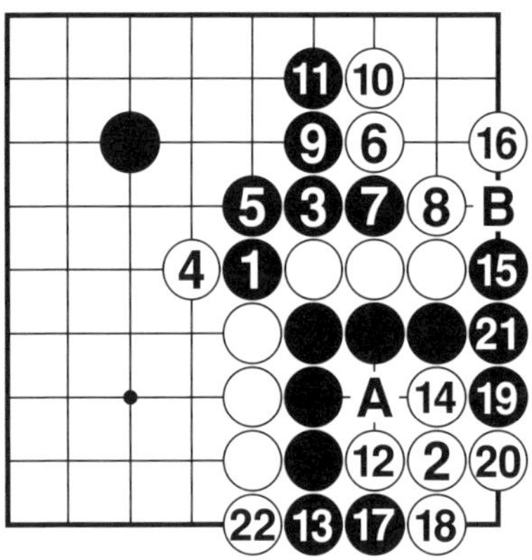

Abb. 85

In Abbildung 84 hat Schwarz anscheinend ein schönes Stück Gebiet in der rechten unteren Ecke abgesteckt. Er startet nun mit 1 einen Angriff gegen die weißen Steine, indem er sie in zwei Gruppen zerteilt und darauf hofft, die eine oder andere Seite zu fangen. Weiß erkennt jedoch die übertriebene Eile dieses Angriffs und kontert mit 2 in Abbildung 85. Weiß 2 ist ein Tesuji (siehe S. 62): Es unterbindet, dass in der schwarzen Ecke zwei Augen entstehen können. Schwarz ist jetzt also gezwungen, eine von den beiden weißen Ketten zu fangen, um seine Ecke zu retten. Abbildung 85 zeigt eine mögliche Fortsetzung. Nach Weiß 22 kann Schwarz nicht auf A spielen, um die weißen Steine zu fangen, denn er würde sich selbst in Atari setzen. Weiß kann dagegen in aller Ruhe erst mit B Atari geben und dann auf A zehn schwarze Steine schlagen. Eine Katastrophe für Schwarz! Sein sicher geglaubtes Haus in der rechten Ecke ist bis auf die Grundmauern abgebrannt.

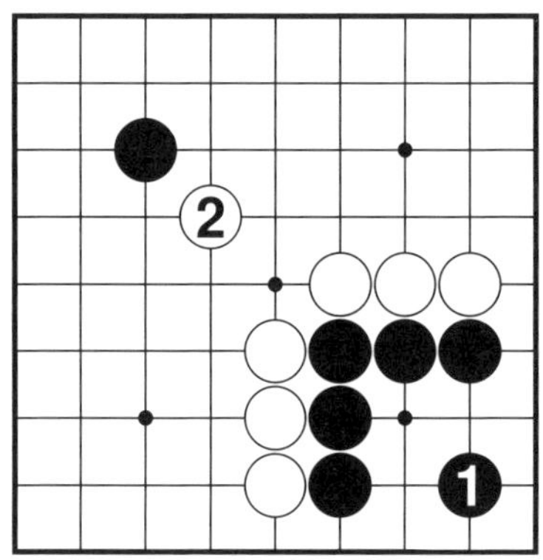

Abb. 86

Schwarz sollte daher wie in Abbildung 86 erst die Ecke sichern, bevor er einen Angriff gegen die ihn umzingelnden Steine wagt. Weiß wird dann wahrscheinlich mit 2 den Schnittpunkt verteidigen. Der Ausgang der Partie ist jetzt noch immer offen.

Wo der Gegner stark ist, sei vorsichtig

Die Mahnung ist deutlich: Gegenüber einem starken und gefährlichen Gegner, handle man vorsichtig und provoziere ihn nicht leichtsinnig. Einen bissigen Hund beobachtet man auch lieber aus sicherer Distanz oder von einem sicheren Punkt hinter einem Zaun aus. Nur Wagemutige oder Leichtsinnige werden sich auf Tuchfühlung mit ihm begeben und somit riskieren, sich von ihm beißen zu lassen.

Die Aussage ist auf das Go-Spiel übertragen genauso zu verstehen. In einem Bretteil, das der Gegner dominiert, agiere man vorsichtig. Man gehe nicht zu dicht an seine Stärke heran, sondern halte gebührenden Abstand. Dieses Verhalten darf nicht mit Feigheit verwechselt werden.

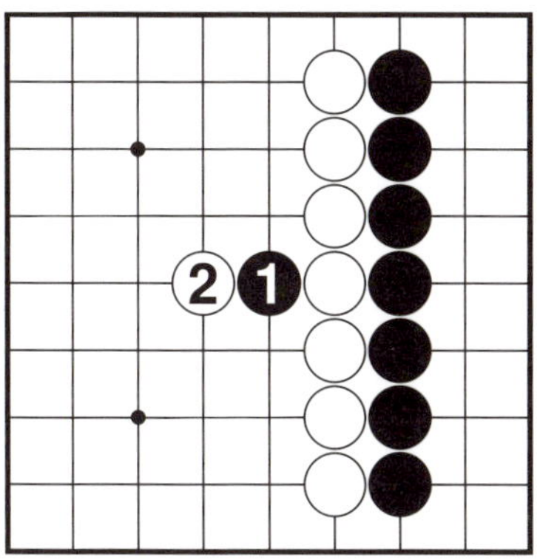

Abb. 87

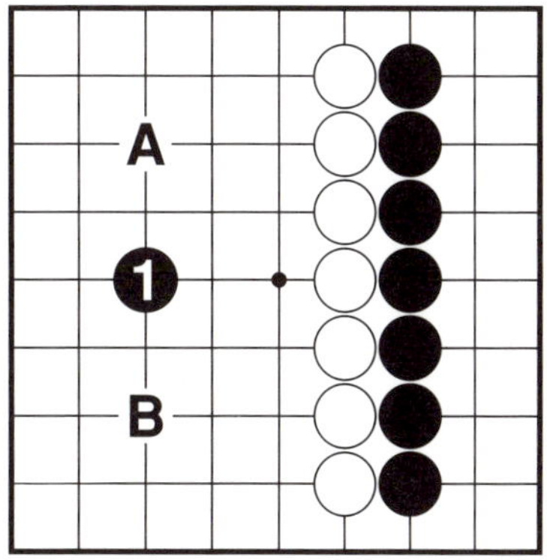

Abb. 88

In Abbildung 87 haben die Spieler das Brett in zwei ungleiche Hälften aufgeteilt. Weiß dominiert ganz eindeutig die linke Seite. Wenn Schwarz die Partie nicht aufgeben will, dann muss er auf der linken Seite invadieren. Schwarz 1 ist denkbar ungeeignet, denn er spielt zu dicht an der starken weißen Wand. So nimmt er sich nicht nur selbst sofort eine Freiheit weg, sondern Weiß kann ihn auch noch mit 2 in die Zange nehmen und in seiner Bewegungsfreiheit einschränken.

Vorsichtiges Agieren bedeutet Abstand halten. Schwarz 1 in Abbildung 88 hält diesen Abstand zur weißen Wand. Der Stein hat vier Freiheiten und kann sich flexibel in verschiedene Richtungen ausdehnen. Greift Weiß von oben an, dann springt Schwarz auf B, greift Weiß von unten an, dann dehnt sich Schwarz nach A aus. Solche Situationen, in denen man dem Gegner das Besetzen eines Punkts überlässt,

um dann selbst den anderen, gleichwertigen Punkt zu spielen, nennt man „Miai“.
Vorsicht und Flexibilität ermöglichen es dem schwarzen Spieler, hier in jedem Fall eine Basis innerhalb der weißen Einflusssphäre zu etablieren, ohne es auf einen unnötigen und gefährlichen Kampf ankommen zu lassen.

Zwei Fliegen mit einer Klappe

Im Go gibt es gute Züge und schlechte Züge. Zu den guten Zügen zählen zweifellos diejenigen, die mehr als eine Bedeutung haben. Ein Stein, der ein Gebiet sichert, mag sicher gut sein. Besser jedoch ist ein Zug, der sowohl den Gegner angreift und gleichzeitig Gebietspunkte sichert. Während man also Druck auf den Gegner ausübt, fallen die Gebietspunkte quasi als Nebenprodukt an. Man schlägt so zwei Fliegen mit einer Klappe.

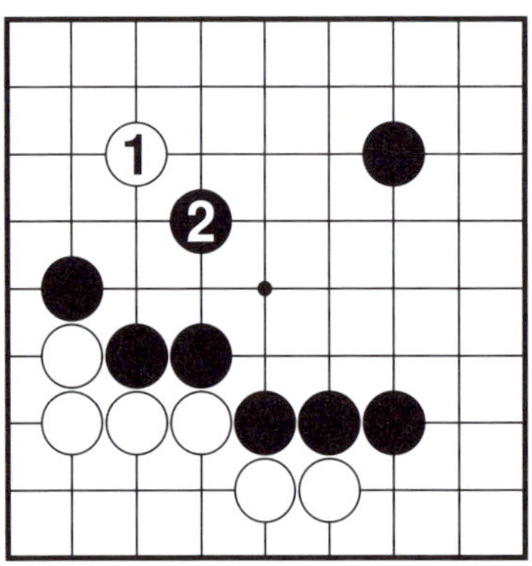

Abb. 89

Ein solcher Zug ist zum Beispiel Schwarz 2 in Abbildung 89. Schwarz 2 greift den weißen Stein an und übt Druck auf ihn aus. Gleichzeitig baut dieser Stein aber auch die Grenzlinie für das zukünftige schwarze Gebiet aus. Er hat zwei Bedeutungen und ist daher zweifellos ein guter Zug.

Es hängt davon ab, was du willst!

Eine gute Strategie zeichnet sich dadurch aus, dass sie zum einen alle Umstände und Konzepte berücksichtigt und zum anderen auf jedes zu erwartende Hindernis eine passende Antwort bereithält. Um die Verbindung aller Konzepte und Prinzipien zu berücksichtigen, müssen die Spieler während der Partie eine hohe Flexibilität bewahren und jederzeit mit gutem Timing handeln. Dies klingt schwierig und ist auch tatsächlich nicht so einfach. Um das Go-Spiel zu erlernen, empfiehlt es sich daher, sehr viel zu spielen und Erfahrungen zu sammeln, die einem später von Nutzen sein werden.
Anfänger fragen häufig, ob dieser oder jener Stein ein guter Zug wäre und erwarten eine klare Antwort. Die Antwort, die die stärkeren Spieler gern geben, lautet regelmäßig: „Das hängt davon ab, was du willst.“ Es gibt sicher viele Situationen, in denen es ganz dringend ist, einen bestimmten Punkt zu spielen, wenn man gravierende Nachteile vermeiden möchte. Aber

ebenso gibt es auch Situationen, in denen die persönlichen Vorlieben für taktische und strategische Entscheidungen den Ausschlag geben. So entstehen persönliche Spielstile.

Berühmte Go-Spieler: Yi Se-Tol

Es gibt viele gute Go-Spieler der neuen Generation, aber ein Name hebt sich unter allen anderen besonders heraus: Yi Se-Tol (auch Lee Sedol). Er besticht durch hohe Risikobereitschaft und starke Rechenfähigkeit. Yi Se-Tol wurde 1983 in Südkorea geboren und gleicht einem Wunderkind. Bereits mit zwölf Jahren wurde er Go-Profi. Nach anfänglichen Schwierigkeiten, den zweiten Profi-Dan zu erreichen, zählt er heute als 9. Dan zu den stärksten Spielern Koreas.

Im Jahr 2000 erlangte er durch eine unglaubliche Serie von 32 Siegen in Folge große Berühmtheit. Man verpasste ihm den Spitznamen „Junge, der unschlagbar ist". Kurz nach dieser beeindruckenden Siegesserie gewann er sein erstes großes Titelturnier. Auf Grund veränderter Promotionsregularien konnte Yi Se-Tol im Jahr 2003 seinen Rang vom 6. Dan auf den 9. Dan erhöhen. Kurz zuvor hatte er noch seinen Landsmann Lee Chang-ho im 7. International LG Cup besiegt, der als einer der besten Spieler der Welt galt. Auch Yi Se-Tol gehört heute nicht nur zu den besten Spielern seines Alters, sondern zu den besten Spielern in der Welt.

Bisher hat sich keine eindeutige Strategie als die einzig richtige erwiesen. Die einen Spieler dehnen die angesprochene Balance bis zur größtmöglichen Sicherheit aus, die anderen lassen sie gern in einen Zustand mit hohem Risiko, wilden Kämpfen und chaotischem Durcheinander abgleiten. Je nach Ihrem Geschmack und Ihrem persönlichen Stil werden Sie hier Ihren eigenen Weg finden.

Gute Form und schlechter Geschmack

Da es in einem Go-Spiel ungeheuer schwierig ist, alle Varianten und Spielzüge vorauszuberechnen, müssen die Spieler häufig nach Gefühl spielen. Spielen nach Gefühl bedeutet, ein Gespür für die richtigen Punkte und für gute Formen zu haben. Kann ein Spieler in einer kämpferischen Partie keine Fortsetzung finden, dann ist er häufig gut beraten, einen Stein zu spielen, der gute Form macht. Im Folgenden finden Sie jeweils drei Beispiele für gute und schlechte Formen.

Der Tigerrachen

In der Partie in Abbildung 90 auf Seite 74 bildet Weiß 1 mit den beiden markierten Steinen eine Form, die „Tigerrachen" genannt wird. Sie können sich sicher vorstellen, wie gefährlich es ist, seinen Kopf in einen offenen Tigerrachen zu legen. Ein Biss und der Kopf ist ab. Genau dieses Schicksal erwartet auch einen Stein, der wie Schwarz 1 in Abbildung 91 genau in den Tigerrachen gesetzt wird. Der weiße Tigerrachen schnappt zu, indem Weiß auf A spielt und der schwarze Stein ist geschlagen.

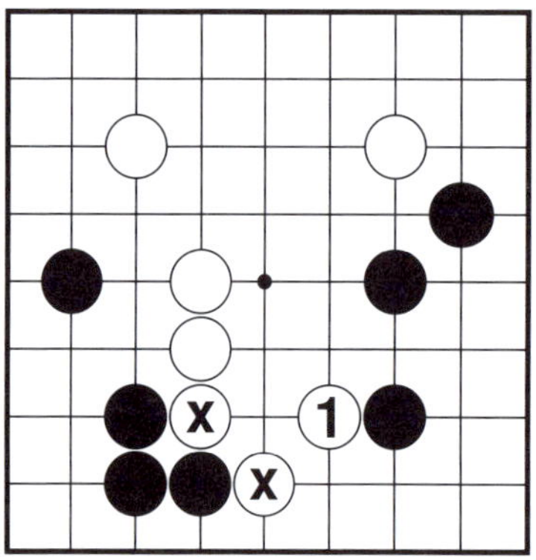

Abb. 90

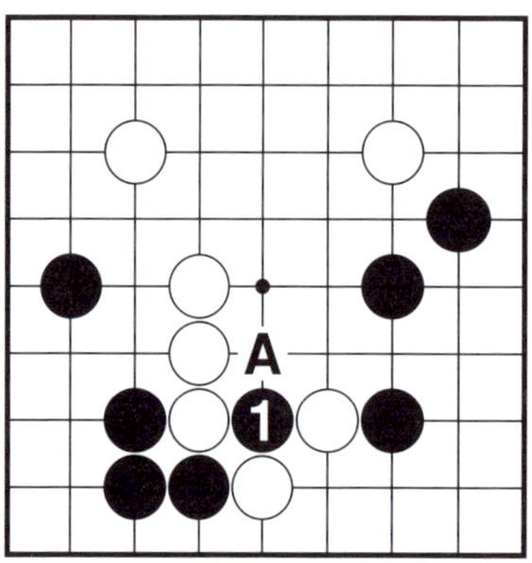

Abb. 91

Der Tigerrachen dient in erster Linie als Deckungszug, um Steine verschiedener Ketten miteinander zu verbinden. Weiß könnte statt des Tigerrachens natürlich auch fest verbinden und eine einzige, durchgängige Kette bilden. Dies ist aber häufig nicht so gut, denn der Tigerrachen bildet bereits einen guten Ansatz um später zwei Augen zu bauen.

Der Bambus

Die schwarzen Steine in Abbildung 92 zeigen ebenfalls eine sehr gute Form: den Bambus. Dieser ist ideal für das Verbinden einzelner Ketten, denn er ist so stabil wie die Pflanze, die ihm den Namen gab.

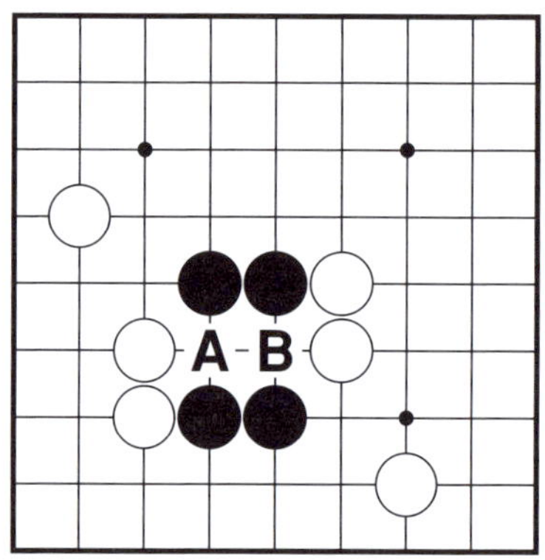

Abb. 92

Wenn Weiß auf A spielt, um die schwarzen Steine zu trennen, dann verbindet Schwarz auf B. Spielt Weiß auf B, dann verbindet Schwarz auf A. Der Bambus kann nicht getrennt werden. Die Punkte A und B sind völlig gleichwertig, sie bilden ein Miai (vgl. Abb. 88 auf S. 71).

Das Kosumi

Als Kosumi bezeichnet man einen einfachen Diagonalzug. In Abbildung 93 hat Schwarz zwei Kosumi gespielt.
Die drei schwarzen Steine bilden keine durchgängige Kette. Aber kann Weiß eine sichere Verbindung der schwarzen Steine verhindern?

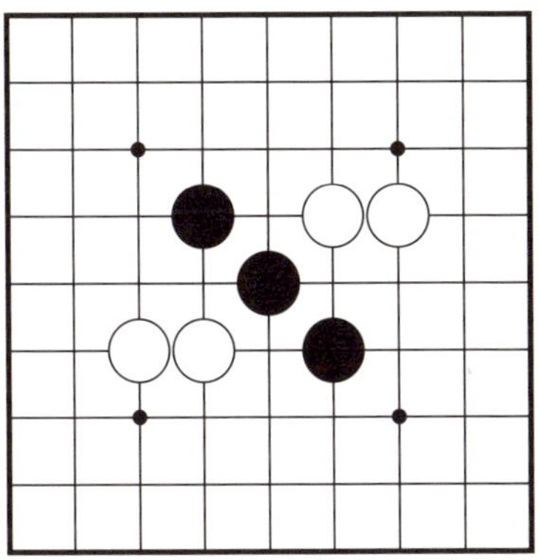

Abb. 93

Nein, denn wenn Weiß zum Beispiel 1 in Abbildung 94 spielt, dann kann Schwarz seine Steine mühelos auf 2 verbinden. Spielt Weiß zuerst auf 2, dann verbindet Schwarz auf 1. Die Steine sind in jedem Fall verbunden. Auch diese Situation ist ein klassisches Miai.

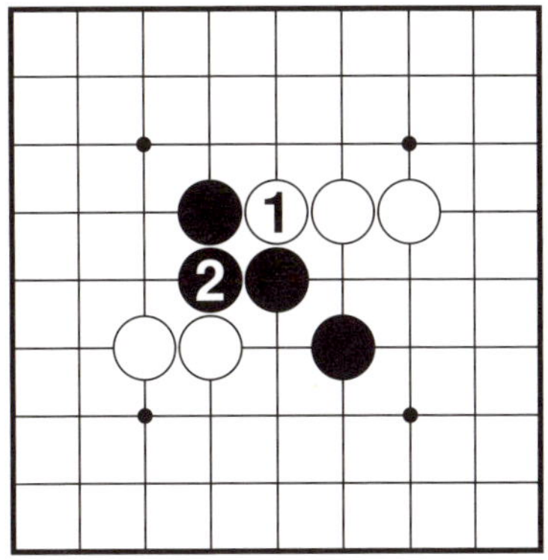

Abb. 94

Schlechte Formen

Wenn es gute Formen gibt, dann gibt es natürlich auch schlechte. Abbildung 95 auf Seite 76 zeigt einige Beispiele, die man unbedingt in einer Partie vermeiden sollte. Die Form links oben nennt man das leere Dreieck, weil die drei Steine ein Dreieck bilden und der Punkt A ein leerer Schnittpunkt ist. Diese Form ist ineffizient, weil der mittlere Stein quasi einen Diagonalzug (vgl. Abb. 93) verbindet, der sowieso nicht getrennt werden könnte. Außerdem hat diese Form mit sieben Freiheiten genau eine weniger, als wenn man drei Steine direkt in einer Linie nebeneinander setzen würde.
Wenn auf A allerdings ein weißer Stein stünde, dann wäre dies kein leeres Dreieck mehr und die Form würde auch nicht mehr als schlecht erachtet werden. Dies zeigt erneut,

dass Steine ihre Bedeutung immer aus ihrer Position auf dem Brett und aus der Beziehung zu anderen Steinen erhalten.

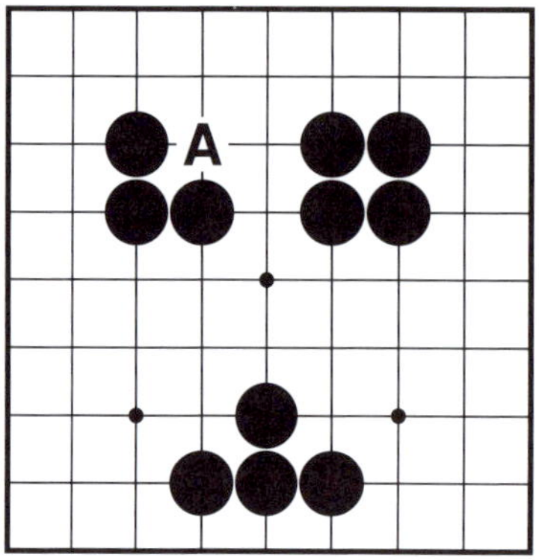

Abb. 95

Der Steinklumpen aus vier Steinen in der rechten oberen Ecke hat keinen Namen, denn er ist ganz eindeutig ineffizient. Auf diese Weise kann man kein Gebiet umschließen und auch keine gegnerischen Steine umzingeln. Die Stellung am unteren Rand bildet eine Pyramide aus vier Steinen. Im Prinzip besteht sie aus zwei leeren Dreiecken und ist somit nicht besser als das einfache leere Dreieck.

Grundsätzlich sollten Sie versuchen, schlechte Formen wie diese zu vermeiden, denn sie sind ineffizient und führen zu schwachen Gruppen, die leicht angegriffen werden können. Ausnahmen von der Regel gibt es natürlich auch hier, wie folgendes Sprichwort besagt: „Spiele nie gute Form, wenn schlechte Form die bessere Form ist!“

Aji: das Salz in der Suppe

Der Begriff „Aji“ ist einer der schwierigsten zu erklärenden Begriffe im Go. Er stammt aus dem Japanischen und wird häufig mit „Geschmack“ übersetzt und mit „Potenzial“ erklärt. Geschmack ist eine interessante Metapher. Stellen Sie sich vor, Sie essen einen Löffel Salz. Sie werden bestätigen, dass dies nicht besonders schmackhaft ist. Aber eine Suppe ohne Salz ist geschmacklich ebenfalls nicht zufriedenstellend. Verwenden Sie aber die richtige Menge Salz für die Zubereitung eines Gerichtes, so ermöglicht es ein wunderbares Genusserlebnis und lässt Sie vergessen, wie unangenehm das reine Salz schmeckt.

Aji ist das Salz in der Suppe des Go. Lässt man das Aji weg oder vernichtet es, so verzichtet man auf eine besondere Prise Spannung und auf die Chance, das darin liegende Potenzial auszunutzen. Nimmt man aber zuviel davon, dann wird einem die Partie regelrecht „versalzen“.

Als Aji bezeichnet man eine potenzielle Schwachstelle, die man während des Spiels zurücklässt. Sie ist zu klein, um sofort ausgespielt zu werden. Dennoch behalten beide Spieler ein Auge darauf, um zu sehen, ob diese Schwachstelle zum richtigen Zeitpunkt besonders wirkungsvoll ausgenutzt werden kann. Aji kann gleichzeitig gutes Aji oder schlechtes Aji sein, je nachdem von wessen Seite man diese Schwachstelle betrachtet.

Beispiel: ein Ko-Kampf!

Im ersten Kapitel haben Sie bereits das Ko kennen gelernt. Die Erläuterung der Ko-Regel mag Ihnen zu diesem Zeitpunkt noch wie ein Buch mit sieben Siegeln erschienen sein. Doch vielleicht haben Sie in der Zwischenzeit das Ko in der einen oder anderen Go-Partie bereits selbst erlebt. Um zu zeigen, wie wichtig das Ko sein kann, wird an dieser Stelle ein Ko-Kampf demonstriert, indem es nicht nur um Leben und Tod, sondern auch um den Ausgang der Partie geht. Ko-Kämpfe sind ein wesentlicher Bestandteil des Go-Spiels. Ihre Raffinesse besteht darin, dass sie auf nahezu jede taktische und strategische Entscheidung einwirken können.

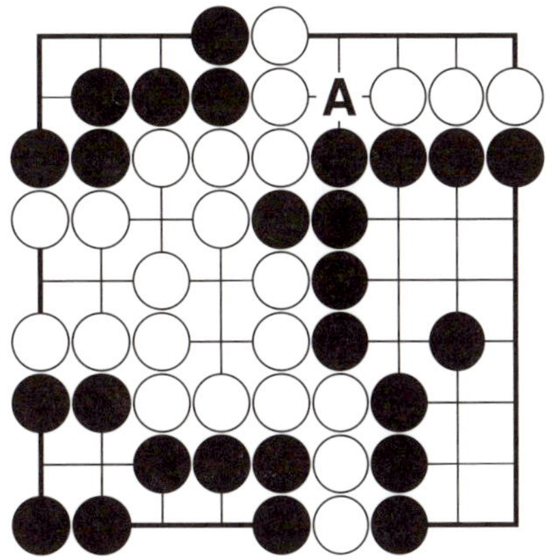

Abb. 96

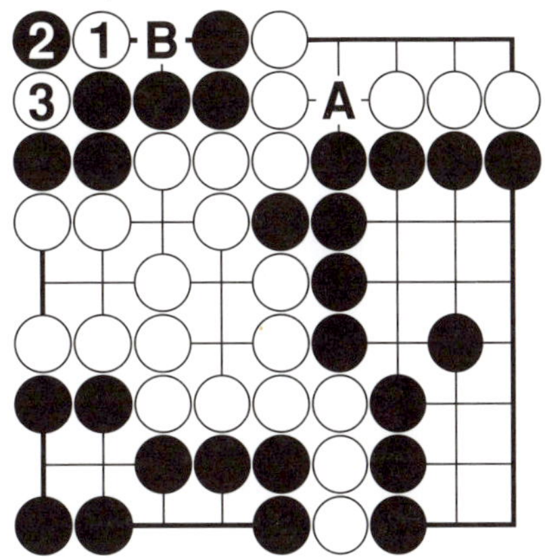

Abb. 97

Weiss beginnt das Ko

Abbildung 96 zeigt das Endstadium einer Go-Partie. Weiß ist am Zug und könnte auf A die letzte Grenze schließen. Die Spieler würden dann die Partie beenden und das Ergebnis auszählen. Nach dem jetzigen Stand hat Weiß neun Punkte plus 4,5 Komi. Schwarz hat 22 Punkte plus zwei geschlagene weiße Steine. Schwarz liegt also haushoch in Führung. Weiß bezweifelt, dass die schwarze Kette in der linken oberen Ecke zwei Augen hat und greift daher in Abbildung 97 mit 1 an. Wie soll Schwarz reagieren?

Spielt er auf 3, dann erkennt man die Gebietsform von drei Punkten in einer Reihe, wobei Weiß genau den Mittelpunkt okkupiert hat (vgl. Abb. 47 auf S. 48). Schwarz wäre tot.

Um den weißen Stein zu schlagen, muss Schwarz die Punkte B und 2 spielen. Auf B kann er nicht sofort spielen, denn er würde sich selbst in Atari setzen. Bleibt also nur Schwarz 2 in Abbildung 97.

Weiß 3 schlägt den schwarzen Stein und beginnt das Ko, wobei er gleichzeitig die sechs schwarzen Steine in Atari setzt. Weiß muss jetzt nur noch auf B setzen, um die Steine vom Brett zu nehmen. Schwarz dagegen muss versuchen, erst das Ko zurückzuschlagen und dann auf B zu spielen, um den letzten weißen Stein zu schlagen und somit die Bedrohung zu eliminieren.

Das Tauschangebot

Da Schwarz das Ko nicht sofort zurückschlagen darf, muss er erst irgendwo anders auf dem Brett einen Stein spielen. Erst wenn dieser Zug von Weiß beantwortet wurde, darf er das Ko zurückschlagen. Schwarz spielt daher auf 1 in Abbildung 98 und wartet ab, wie Weiß reagiert. Angenommen Weiß schlägt die sechs schwarzen Steine in der rechten oberen Ecke. Schwarz wird daraufhin auf 2 verlängern und drei weiße Steine abschneiden. Wie wäre das Ergebnis der Partie?

Richtig: Schwarz gewinnt trotzdem mit genau 5,5 Punkten. Schwarz 1 bietet also einen Tausch an: die schwarze Ecke links oben gegen die weiße Ecke rechts oben. Für Schwarz ist der Tausch gut, denn er kann seinen

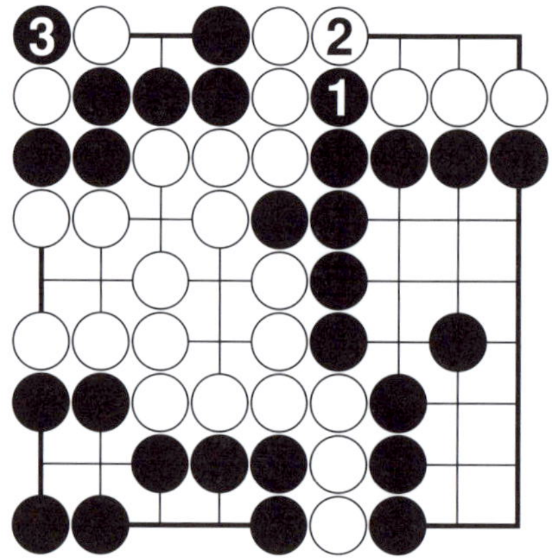

Abb. 98

Vorsprung an Punkten beibehalten. Den Zug Schwarz 1 nennt man eine „Ko-Drohung“, denn er droht dem Gegner für den Verlust des Ko einen ebenso großen oder noch größeren Schaden an. Weiß kann sich auf dieses Tauschangebot nicht einlassen, er beantwortet daher die Drohung mit 2 in Abbildung 98. Schwarz schlägt daraufhin das Ko mit 3 zurück.

Die zweite Ko-Drohung

Nun darf Weiß das Ko nicht zurückschlagen und bietet seinerseits mit 1 in Abbildung 99 dem schwarzen Spieler einen Tausch an. Was passiert, wenn Schwarz diesen Tausch annimmt, zeigt die Abbildung 100. Schwarz 2 schlägt einen weißen Stein, gewinnt das Ko und sichert so das Leben der schwarzen Steine links oben. Weiß 3 schlägt dagegen zwei Steine und tötet somit die schwarze Gruppe in der linken unteren Brettecke, denn diese hat nun keine zwei Augen mehr. Dieses Ergebnis ist inakzeptabel für Schwarz, denn er würde durch diesen Tausch die Partie mit mehr als zehn Punkten verlieren. Er muss also versuchen, beide Ecken zu behalten. Daher verteidigt Schwarz in Abbildung 99 mit 2 und Weiß 3 schlägt erneut das Ko.

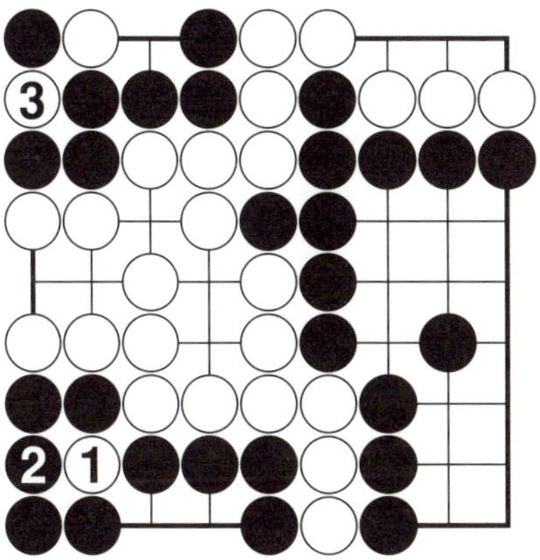

Abb. 99

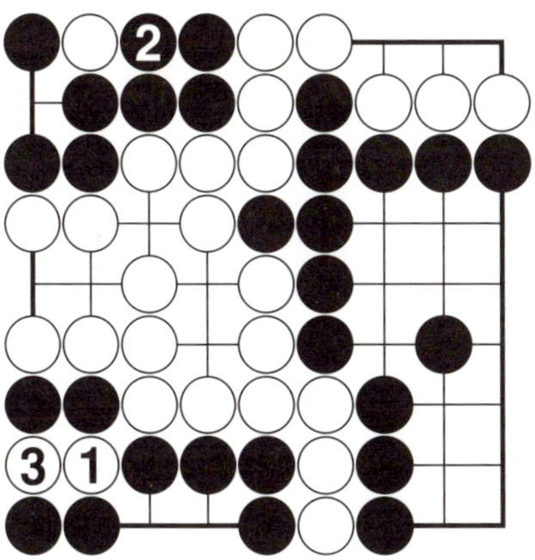

Abb. 100

Eine neue Verhandlungsrunde

Schwarz 1 in Abbildung 101 eröffnet eine neue Verhandlungsrunde, indem er ein neues Tauschangebot unterbreitet. Weiß lehnt mit 2 ab und Schwarz 3 schlägt wieder das Ko. Hat Weiß richtig gehandelt? War Schwarz 1 eine ernst zu nehmende Drohung? Ja, denn

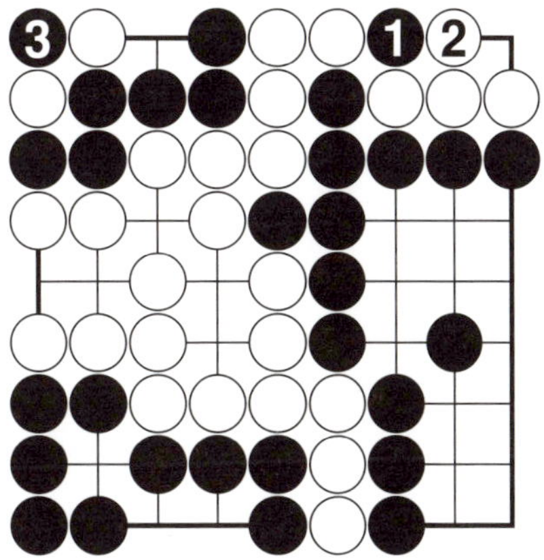

Abb. 101

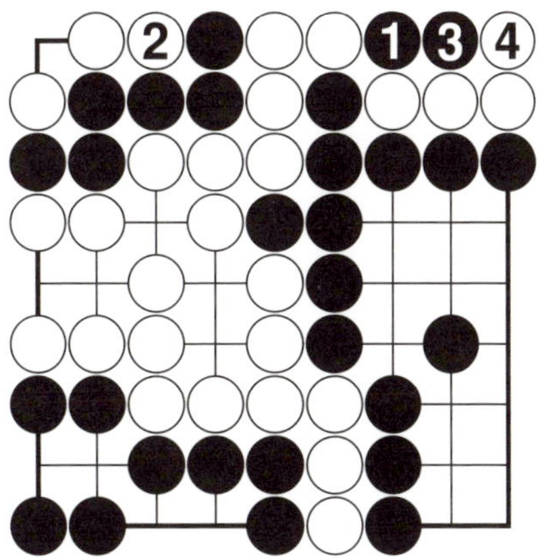

Abb. 102

wenn Weiß auf den Tausch eingeht und mit 2 in Abbildung 102 die sechs Steine schlägt, dann wird Schwarz auf 3 strecken. Weiß 4 schlägt zwei Steine, Schwarz spielt mit 5 wieder auf 1, Weiß schlägt noch einmal auf 3 und schließlich schlägt Schwarz 7 auf 1 fünf weiße Steine. Eine Mausefalle! Schwarz würde auf diese Weise knapp aber sicher mit 3,5 Punkten gewinnen. Da Weiß diese Falle rechtzeitig erkannt hat, verteidigt er mit 2 in Abbildung 101 und muss Schwarz das Schlagen des Ko überlassen. Aber Weiß hat noch einen Trumpf im Ärmel.

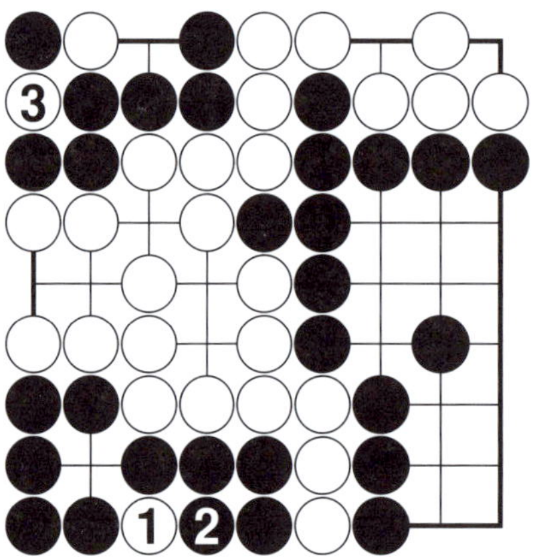

Abb. 103

Weiß 1 in Abbildung 103 gibt Atari auf fünf schwarze Steine und droht wieder, die komplette schwarze Ecke zu töten, was zum Gewinnen der Partie mehr als ausreichend wäre. Schwarz verteidigt daher mit 2 und Weiß schlägt erneut das Ko.

Das Ende des Ko-Kampfes

Nach Weiß 3 in Abbildung 103 hat Schwarz keine „schlagkräftigen" Argumente mehr. Es gibt keinen Punkt auf dem Brett, mit dem Schwarz seinen weißen Gegner bedrohen kann. Er muss passen.

Weiß kann nun mit 1 in Abbildung 104 die sechs Steine schlagen. Damit hat er das Ko gewonnen. Anschließend passen beide Spieler und die Partie ist beendet.

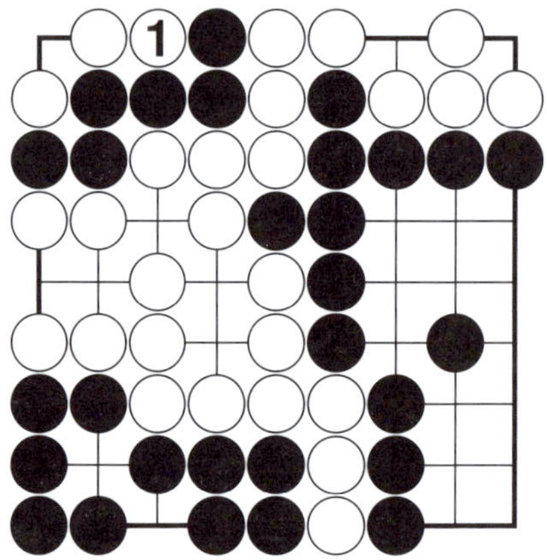

Abb. 104

Das Auszählen ergibt einen Sieg für Weiß. Spielen Sie den Ko-Kampf nach und ermitteln Sie die genaue Punktzahl, mit der Weiß gewinnt! Das genaue Ergebnis finden Sie im Anhang auf Seite 120.

Wie Sie gesehen haben, ist die Ko-Regel keine unbedeutende Zusatzregel. Von einem Ko kann sehr viel abhängen, unter Umständen eben auch der Ausgang der Partie. In solchen Fällen ist es wichtig, starke Ko-Drohungen zu spielen, also große „Tauschangebote" parat zu haben. Derjenige, der mehr solcher Angebote in der Hinterhand hält, wird den Kampf gewinnen. Ist die Drohung des Gegners kleiner als die Punkte, die im Ko erzielt werden können, dann kann es auch richtig sein, die Drohung zu ignorieren und das Ko zu beenden. Doch Vorsicht, wägen Sie stets genau ab, wie wichtig das Ko tatsächlich ist.

Lassen Sie sich Schritt für Schritt auf dieses Element des Spiels ein und lernen Sie so seine Bedeutung schätzen. Ko-Kämpfe sind kompliziert, aber auch spannend und aus dem Go-Spiel nicht wegzudenken.

Übungen Kapitel Drei

Wieder gibt es zum Abschluss des Kapitels einige Übungen, mit deren Hilfe Sie überprüfen können, ob Sie die vorgestellten Techniken und Konzepte richtig anwenden können.

Die Übungen sind nun schon etwas schwieriger. Teilweise müssen Sie mehrere Züge vorausberechnen oder den Zwischenstand der Partie kalkulieren.

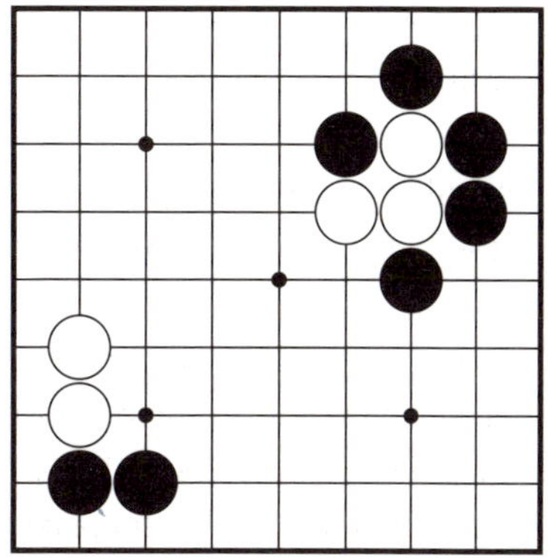

Ü 12

Übung 12: Kann der schwarze Spieler die drei weißen Steine rechts oben in einer Treppe fangen?

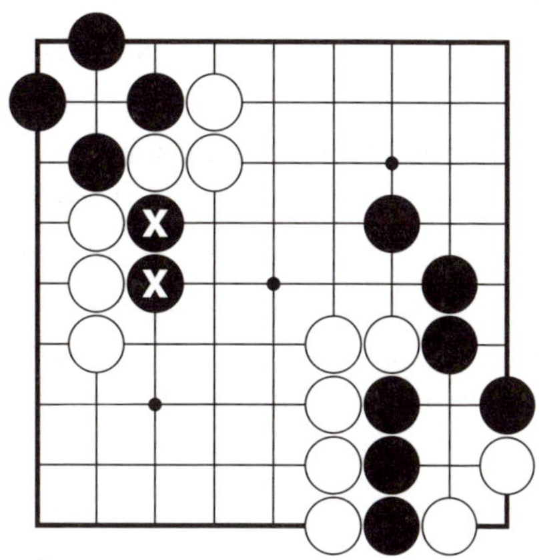

Ü 13

Übung 13: Wie kann Weiß die zwei markierten Steine links oben fangen? Kann Weiß auch rechts unten schwarze Steine fangen? Betrachten Sie jede Stellung für sich.

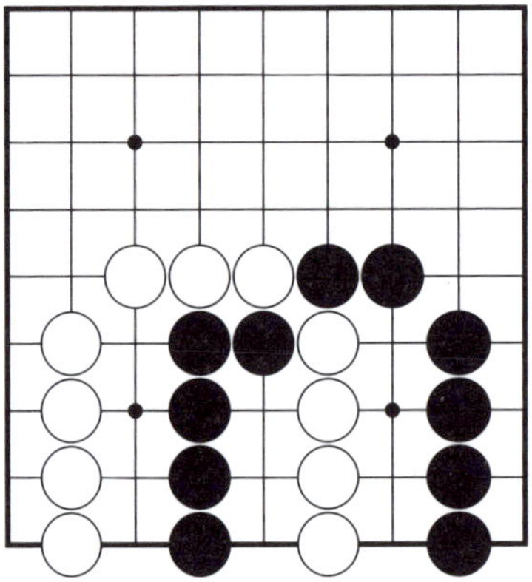

Ü 14

ÜBUNG 14: Die beiden inneren Ketten haben jeweils sieben Freiheiten. Was passiert, wenn Schwarz zuerst setzt?

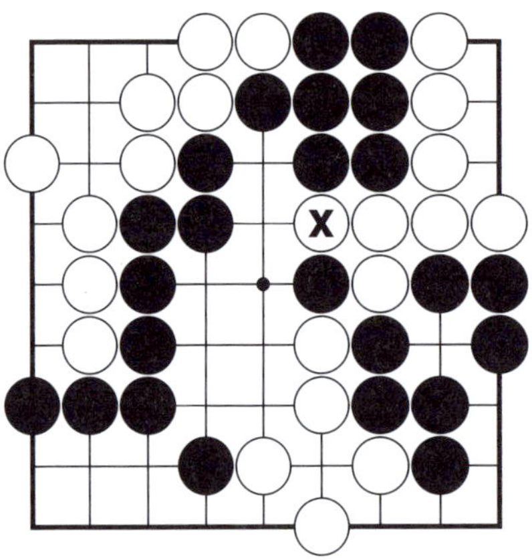

Ü 15

ÜBUNG 15: Schwarz am Zug! Wie kann er gewinnen. Hinweis: Weiß hat zuletzt den markierten Stein gespielt. (Es gibt zwei geschlagene weiße Steine und 4,5 Komi.)

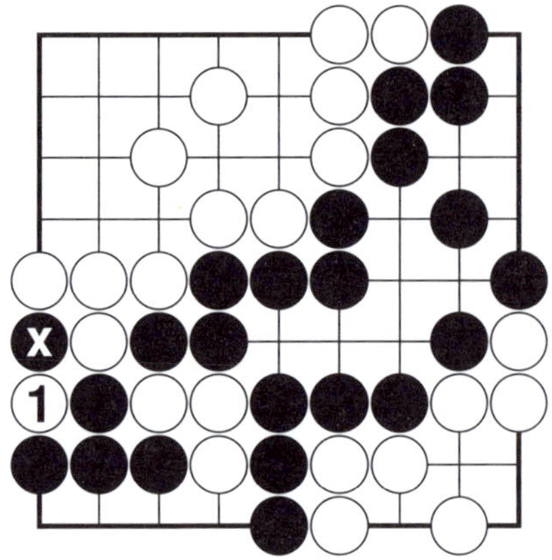

Ü 16

ÜBUNG 16: Weiß hat mit 1 ein Ko geschlagen. Welche Ko-Drohungen kann Schwarz spielen? Wie viele Ko-Drohungen hat Weiß? Wer gewinnt? Es wurden keine Steine geschlagen und es gibt 0,5 Komi.

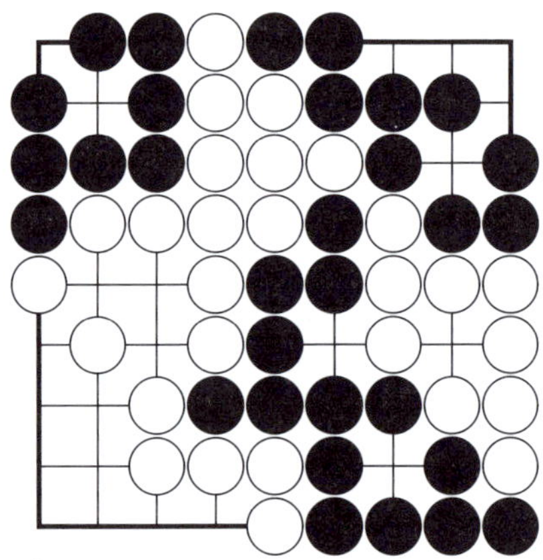

Ü 17

ÜBUNG 17: Schwarz hat drei und Weiß einen Stein geschlagen. Wer gewinnt (keine Komi)?

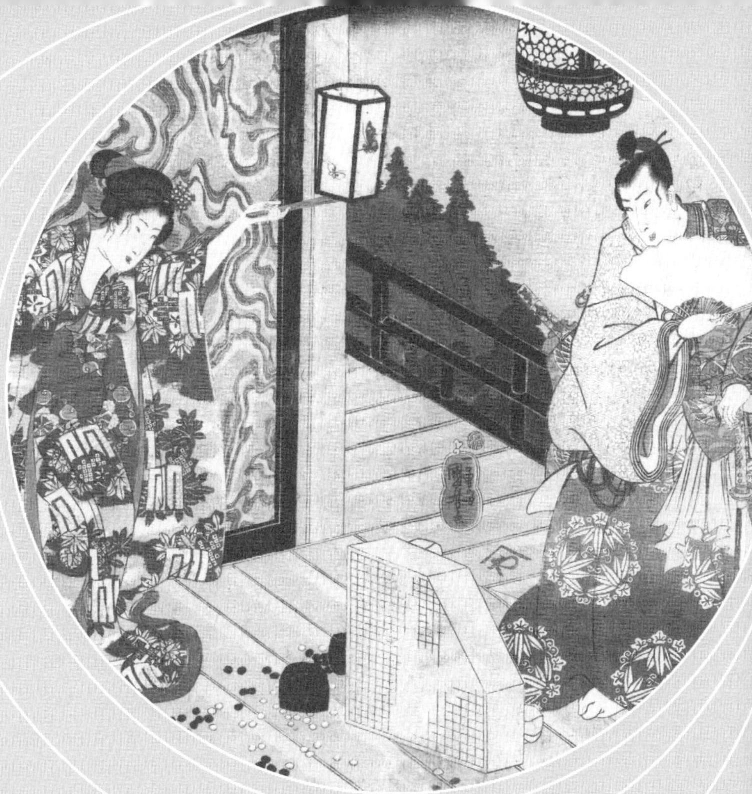

Kapitel Vier
Endspiel

Im Endspiel werden nur noch kleine Punkte gemacht. Aber wenn die Partie knapp ist, dann ist jeder Punkt entscheidend. Deshalb heißt es jetzt, ganz genau rechnen ...

Spielkultur

Go gegen die Zeit

Im alten Japan konnten sich die Go-Spieler so viel Zeit zum Nachdenken nehmen, wie sie für nötig erachteten. Dies führte bei wichtigen Wettkämpfen dazu, dass die Partien mehrmals vertagt werden mussten. Eine der bekanntesten Partien, die auf diese Weise ausgetragen wurde, ist die letzte Partie des Meijin Shusai gegen den jungen Herausforderer Kitani. Der Literaturnobelpreisträger Kawabata Yasunari hat dieses Match, das über mehrere Monate andauerte, in seiner Novelle „The Master of Go" verewigt (siehe Kasten).
Heute wird auf Turnieren in der Regel mit einem bestimmten Zeitlimit gespielt. Die Bedenkzeit misst eine spezielle Uhr. Sie hält genau fest, welcher Spieler wie lange nachgedacht hat und wie viel Zeit ihm noch verbleibt.

Auf einem durchschnittlichen nationalen Turnier ist eine Bedenkzeit von ein bis zwei Stunden pro Spieler üblich. Die japanischen Spitzenturniere, bei denen es nicht nur um Ruhm und Anerkennung, sondern auch um hohe Preisgelder geht, werden mit bis zu acht Stunden Bedenkzeit je Spieler ausgetragen. Diese langen Partien finden an zwei aufeinander folgenden Tagen statt. Um keinem der beiden Spieler einen Vorteil zu verschaffen, wird der letzte Zug des ersten Tages nicht auf das Brett gesetzt, sondern auf einem Blatt notiert. Dieses Blatt wird gefaltet, versiegelt und über Nacht in einem Tresor verwahrt. Am nächsten Morgen wird der Tresor geöffnet, der versiegelte Zug auf das Brett gelegt und die Partie fortgesetzt. Auf diese Weise hat keiner der Spieler die Möglichkeit, die Zeit der Nachtruhe zum Analysieren der aktuellen Stellung und zum Berechnen von möglichen Varianten zu nutzen.

Die Nachspielzeit

Kommen die Spieler mit ihrer regulären Bedenkzeit nicht aus, so wird Ihnen in der Regel eine Nachspielzeit, das Byo-Yomi, gegönnt, damit sie ihre Partie zu Ende führen können. Dies soll verhindern, dass die Spieler mit dem Ablauf der Bedenkzeit automatisch ihre Partie verlieren oder auch überhastete Züge spielen und durch plötzliche Eile verlieren. Beim klassischen japanischen Byo-Yomi hat jeder Spieler eine bestimmte Anzahl von Byo-Yomi-Perioden mit einer bestimmten Zeit (z.B. eine Minute).

Wenn er es schafft, innerhalb dieser Zeit seinen Zug auszuführen, gilt die Periode als nicht angetastet und beginnt beim nächsten Zug wieder von vorn. Sollte er jedoch länger für seinen Zug brauchen, so ist eine Periode verbraucht und er hat somit für den Rest des Spiels eine Periode weniger. Sind alle Perioden verbraucht, verliert er die Partie.

Meijin Shusai gegen Kitani

Der Beiname „Meijin“ bedeutet übersetzt so viel wie der „große Experte“. Heute bezeichnet Meijin den Titel, den der Sieger eines der drei angesehensten Turniere in Japan erlangt. Er geht auf den traditionellen Titel zurück, der dem jeweils stärksten Spieler in der Edo-Periode verliehen wurde. Als Erster erhielt diesen Titel der Mönch Sansa, der erste Meister und Begründer der Honinbo-Schule.

Obwohl der Titel des Meijin über die Jahrhunderte hinweg bei allen aufstrebenden Go-Talenten sehr begehrt war, herrschte doch oft Uneinigkeit über seine Vergabe, da selten ein einzelner Spieler so herausragend war, dass er mit Recht von allen als Meijin anerkannt wurde. So erhielt 1914 Shusai als zehnter Spieler seit dem Mönch Sansa den Titel Meijin.

Doch im Alter von 65 Jahren musste Shusai diesen Titel aufgeben. 1939 wurde ein letztes Spiel gegen den jungen Kitani Minoru angesetzt. Es war ein langes Duell, das sich über drei Monate hinzog und dass aufgrund des schlechten Gesundheitszustands des Meijin mehrmals verschoben werden musste.

Shusai verlor das Spiel mit wenigen Punkten und verstarb wenige Monate danach. Kawabata Yasunari, der spätere Literaturnobelpreisträger, beobachtete dieses Duell als Reporter. Es diente ihm als Grundlage für seinen Roman „Meijin“, der 1954 veröffentlicht wurde. Er beschreibt überaus feinfühlig das Duell zwischen Shusai und Kitani als Sinnbild des Kampfes zwischen altem und neuem Japan, das Ringen von Tradition und Moderne, von Ästhetik und Pragmatismus. Es zeigt das letzte Aufbegehren gegenüber den unvermeidlichen Veränderungen.

Tatsächlich galt jedoch Shusai in seinen jungen Jahren selbst als ein Spieler mit modernen Ideen. Kitani Minoru hatte zum Zeitpunkt des Duells den Ansatz des Shin Fuseki, das er zusammen mit Go Seigen entwickelt hatte, bereits wieder zu Gunsten einer stark gebietsorientierten Spielweise aufgegeben.

In fortgeschrittenem Alter zählte er schließlich auch zu den Vertretern einer alten, traditionellen Garde von Go-Spielern. Diese Darstellung zeigt, wie stark das Go-Spiel im ständigen Wandel begriffen ist und weshalb es so schwierig ist, eindeutige Aussagen über gute und schlechte Spielstrategien zu treffen.

Go entwickelt sich ständig weiter. Neue, moderne Spielweisen werden früher oder später überholt sein und neueren Ideen Platz machen. Ein Ende dieser Entwicklung ist vorerst nicht abzusehen und daran werden auch Computerprogramme sobald nichts ändern können (siehe S. 96).

In Deutschland hat sich das sogenannte „Kanadische Byo-Yomi" durchgesetzt. Hier muss der Spieler, nachdem er seine reguläre Bedenkzeit aufgebraucht hat, in einer bestimmten Zeit eine bestimmte Anzahl von Steinen setzen (z.B. 15 Steine in 5 Minuten). Wenn er dies bewältigt hat, dann beginnt eine weitere Periode und er muss erneut die vorgegebene Anzahl von Steinen (bei progressiven Byo-Yomi sogar immer mehr Steine) in der vorgegebenen Zeit setzen. Schafft er dies nicht, verliert er die Partie.

Woher kommt die Bezeichnung Byo-Yomi? Bei bedeutenden japanischen Turnieren sitzen neben den beiden Spielern drei Beobachter: der Schiedsrichter, der Kifu-Schreiber und der Zeitnehmer. Der Schiedsrichter sorgt für den ordnungsgemäßen Ablauf und steht für Streitfragen bereit. Der Kifu-Schreiber notiert die Spielzüge der Spieler. Der Zeitnehmer schließlich stoppt die Zeit, die ein Spieler für einen Zug braucht, rundet diese auf die nächste volle Minute ab und addiert diesen Wert zu der bisher verbrauchten Zeit. Der Zeitnehmer muss am Ende einer Byo-Yomi-Periode die verbleibende Zeit laut auszählen. Daher hat das Byo-Yomi seinen Namen: „Sekunden zählen".

Aufgeben

Nimmt ein Spieler aus seiner Dose zwei Steine und setzt diese gleichzeitig auf das Brett, dann signalisiert er, dass er das Spiel aufgibt. Das Aufgeben einer Partie ist nicht leicht. Es kostet Überwindung und das Eingeständnis, der Verlierer zu sein.

Stellt ein Spieler in einer Partie fest, dass der Rückstand so groß ist, dass bei einem regulären Spielverlauf seine Gewinnwahrscheinlichkeit gleich null ist, dann ist das ein geeigneter Moment, um das Spiel aufzugeben. Wenn man aufgibt, dann schätzt man seine Lage auf dem Brett als absolut chancenlos ein. Rechtzeitiges Aufgeben ist ein Stück Spielkultur.

Das Aufgeben einer Partie hat den Vorteil, eine für beide Spieler uninteressant gewordene Situation kurz und schmerzlos zu beenden und anschließend eine neue Partie zu beginnen oder die gespielte nach Fehlern zu analysieren.

Was den Zeitpunkt des Aufgebens betrifft, so stellt das Weiterspielen bei hohem unaufholbarem Rückstand einen Affront gegenüber dem Mitspieler dar. Eine knappe Niederlage ist auch ausgezählt keine Schande. Aber eine hohe Niederlage sollten Sie rechtzeitig erkennen und sich selbst eingestehen können. Dies erspart Ihnen nicht nur das peinliche Auszählen einer hohen Punktedifferenz, sondern zeugt auch von Respekt für Ihren Mitspieler und von Ihrem Verständnis für das Spiel. Die Aufgabe einer Partie bewahrt Ihren Mitspieler nicht nur vor einem langweiligen Endspiel, sondern sie zeigt ebenso Ihr Vermögen, eine bevorstehende, unausweichliche Niederlage zu erkennen und die entsprechende Folgerung daraus abzuleiten. Sie wahren Ihr Gesicht. Eine genaue Anleitung, wann man aufgeben soll und wann man lieber weiterkämpft, lässt sich nicht pauschal geben. Dies hängt entscheidend von der Partiesituation und den Spielern ab.

Wenn aber bereits alle interessanten Punkte ausgespielt und nur noch die neutralen Punkte zu besetzen sind, dann sollte man auch auf das Auszählen nicht verzichten. Eine Schande ist Verlieren ohnehin nicht, sondern ein willkommener Anlass, aus den eigenen Fehlern und den guten Ideen des Gegners zu lernen.

Spieltechnik

Während es in der Eröffnung und im Mittelspiel darum geht, die Gebiete abzustecken und zu festigen, werden im Endspiel die letzten Lücken zwischen den Grenzlinien geschlossen. Dabei sollen diese letzten Züge aber auch das eigene Gebiet noch ein wenig vergrößern und das des Gegners noch ein wenig verkleinern. Das bedeutet, dass auch im Endspiel die Steine möglichst effektiv eingesetzt werden müssen, denn häufig entscheiden die letzten Punkte über Sieg und Niederlage.

Die letzten Punkte

Bevor Sie eine Partie beenden, müssen Sie prüfen, ob Sie bereits alle Züge gespielt haben, die Ihnen zusätzliche Punkte bringen oder dem Gegner noch einige abnehmen. Welche Punkte in Abbildung 105 können die Spieler noch spielen, um hier ihre Gebiete zu vergrößern oder die des Gegners zu verkleinern? Überlegen Sie zuerst, wo Schwarz spielen kann und anschließend wo Weiß noch Punkte machen könnte!

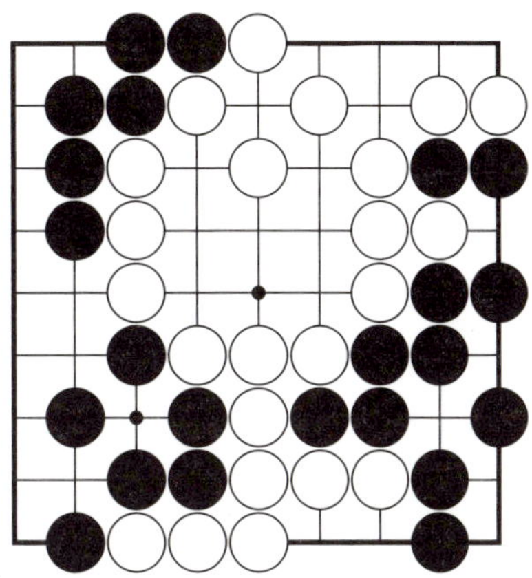

Abb. 105

Richtig, auf den Punkten A, B und C in Abbildung 106 auf Seite 88 macht Schwarz noch Punkte. Der Stein auf A verhindert, dass der weiße Spieler den schwarzen Rand aus 13 Punkten zerstört. Schwarz B bindet zwei Steine an die sichere Gruppe in der rechten unteren Ecke an und verhindert so, dass sie geschlagen werden. Schwarz C

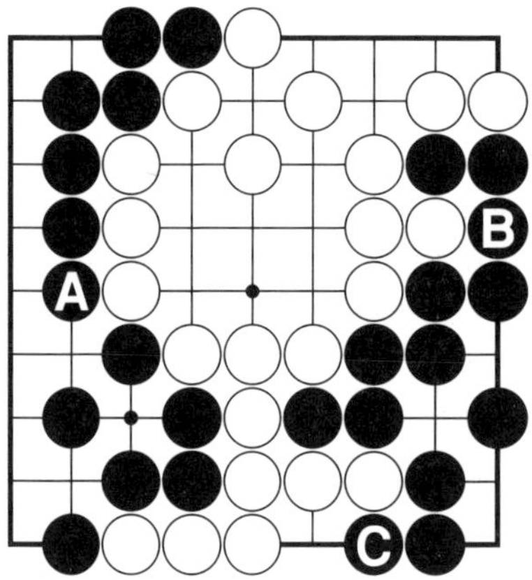

Abb. 106

schließlich verhindert, dass Weiß hier noch einen zusätzlichen Punkt machen kann. Welcher dieser drei Punkte ist nun der wichtigste für Schwarz? Dies können Sie am besten überprüfen, in dem Sie abwägen was passiert, wenn Weiß diese Punkte zuerst spielt.

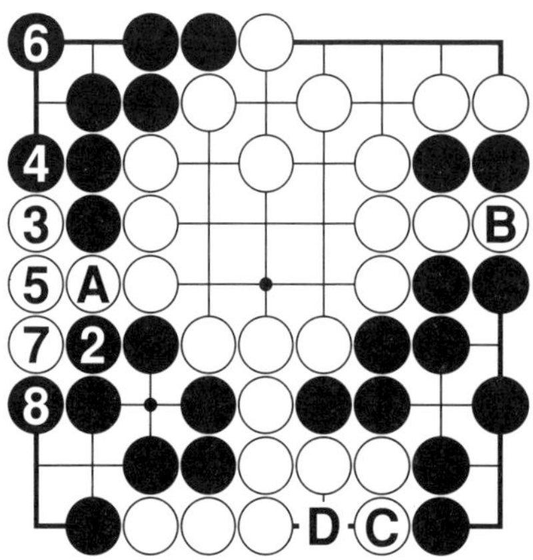

Abb. 107

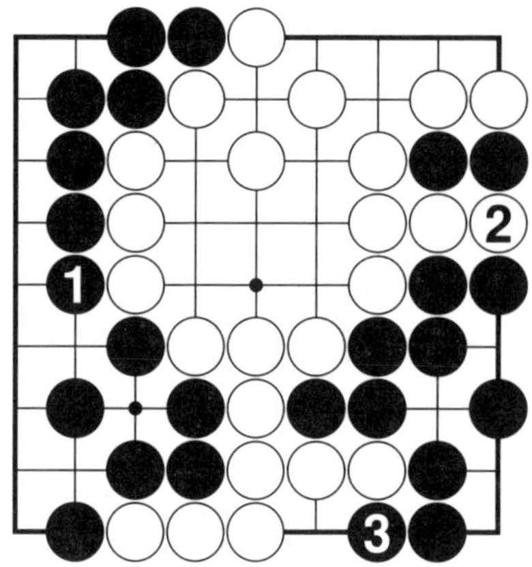

Abb. 108

Abbildung 107 zeigt die Möglichkeiten für Weiß, wenn er zum Zug kommen würde. Wenn Weiß beispielsweise den Punkt A spielt, dann läuft er in den schwarzen Rand hinein und wird ihn nahezu vollständig zerstören. Selbst wenn Schwarz mit 2 verteidigt, kann Weiß mit 3 und 5 weiterlaufen. Schwarz 6 ist notwendig, um der Gruppe in der linken oberen Ecke zwei Augen zu geben. Nach Weiß 7 und Schwarz 8 wären vom schwarzen Rand nur noch fünf Punkte übrig. Eine Katastrophe für Schwarz.

Weiß B schlägt zwei schwarze Steine. Dieser Zug ist vier Punkte wert, denn Weiß hat zwei Steine geschlagen und zugleich zwei Gebietspunkte hinzugewonnen. Der Zug auf Weiß C macht nur einen zusätzlichen Gebietspunkt, nämlich den einzelnen Punkt D. So gesehen ist Schwarz 1 in Abbildung 108 der wichtigste Punkt, denn er verhindert die

Zerstörung des Randgebietes. Danach ist Weiß am Zug und wird mit 2 die zwei schwarzen Steine schlagen. Für Schwarz bleibt dann nur noch 3, um dem Weißen hier nicht noch einen Punkt zu überlassen. Danach ist die Partie zu Ende, denn weitere Punkte sind hier nicht mehr zu holen. Die Spieler können passen und anschließend das Ergebnis der Partie auszählen.

Sente und Gote

Sente und Gote sind ein bedeutendes Konzept des Go-Spiels, das bisher noch nicht angesprochen wurde. Vereinfacht kann man Sente (Vorhand) als Angriff und Gote (Nachhand) als Verteidigung sehen. Aber ganz so einfach ist es dann doch nicht. Sente bedeutet, einen Zug zu spielen, den der Gegner beantworten muss, um nicht einen großen Nachteil zu erleiden. Gote-Züge hingegen müssen vom Gegner nicht beantwortet werden.

Sente zu haben, bedeutet demnach, zu bestimmen, an welchem Brettpunkt die Partie weitergeht. Da der Gegner auf Sente-Züge antworten wird, kann man zuerst alle wichtigen Vorhand-Züge spielen und anschließend einen weiteren wichtigen, großen Punkt spielen, der vielleicht Nachhand ist. Vorhand bedeutet, die Initiative zu haben.

Zur Veranschaulichung dieses Konzepts zeigt Abbildung 109 ein einfaches Beispiel. Das Spielfeld ist in nahezu zwei gleichgroße Hälften geteilt. Weiß hat 4,5 Komi und Schwarz ist am Zug. Schwarz hat in diesem Sinn Sente und kann entscheiden, wo die nächsten Züge gespielt werden sollen. Betrachten Sie die Partiesituation genau: Wie und wo soll Schwarz spielen?

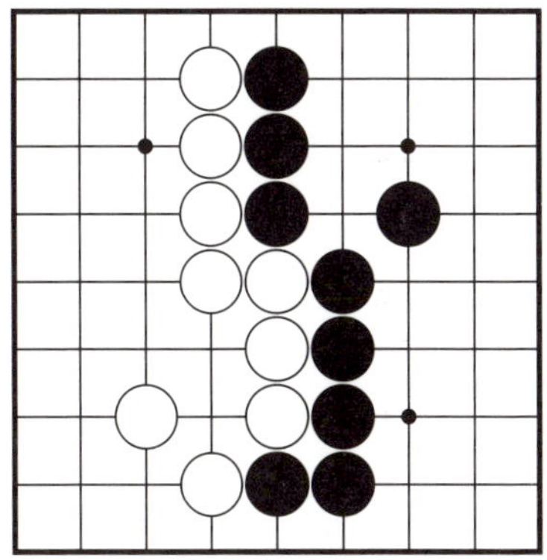

Abb. 109

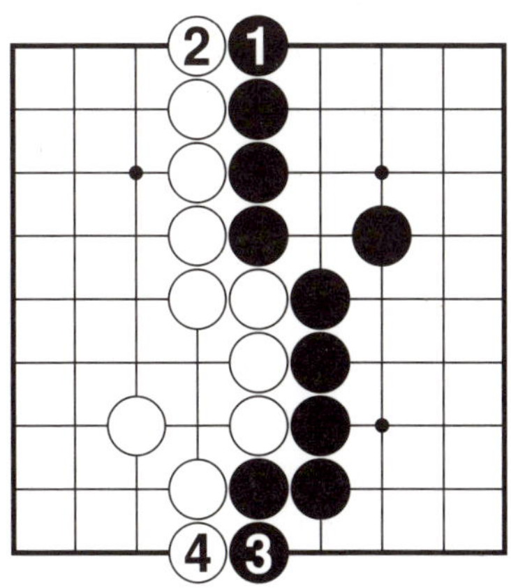

Abb. 110

Natürlich muss Schwarz die noch offenen Stellen der Gebietsgrenzen „abdichten“. Dazu kann er zum Beispiel die Punkte 1 und 3 in Abbildung 110 auf Seite 89 besetzen. Weiß wird daraufhin 2 und 4 spielen, um ebenfalls seine Grenzen zu schließen. Zählen Sie nun die Gebietsflächen aus, so stellen Sie fest, dass Schwarz mit 1,5 Punkten verliert. Was hat er falsch gemacht?

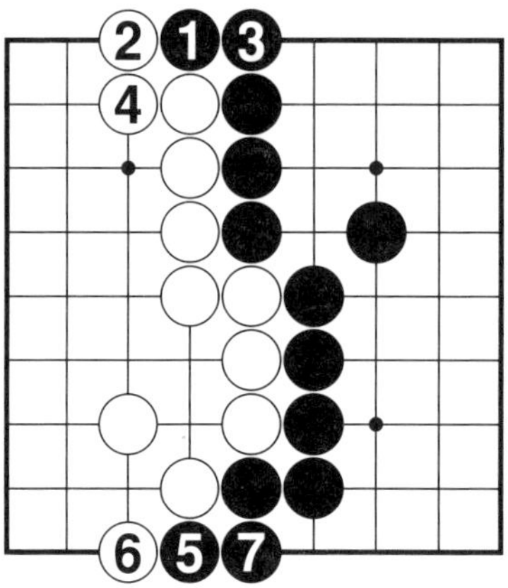

Abb. 111

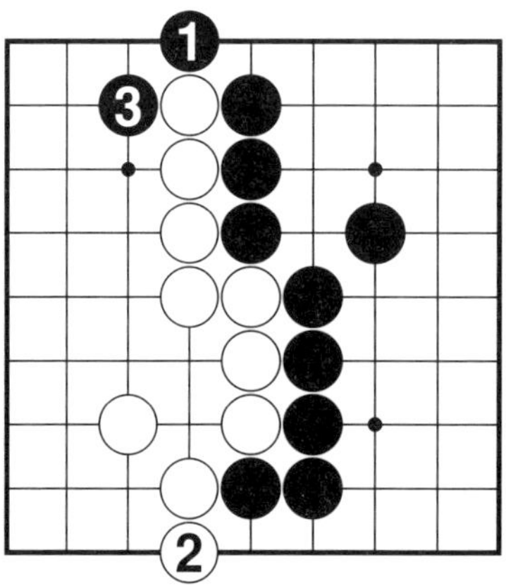

Abb. 112

Schwarz hat nicht den Vorteil von Vorhand-Zügen ausgenutzt. Statt 1 und 3 in Abbildung 110 sollte Schwarz erst 1 und 3 in Abbildung 111 spielen. Die Züge 1 und 3 drohen, das weiße Gebiet zu zerstören. Sie sind Vorhand, denn Weiß muss sie mit 2 und 4 beantworten. Danach kann Schwarz mit 5 und 7 auch am unteren Rand das weiße Gebiet verkleinern. Man sieht, dass Weiß im Vergleich zu Abbildung 110 insgesamt drei Punkte weniger hat. Schwarz gewinnt folglich mit 1,5 Punkten. Was passiert, wenn Weiß nicht auf die schwarze Vorhand 1 reagiert, zeigt Abbildung 112. Während Weiß hier mit 2 am unteren Rand die Gebietsgrenze sichert, kann Schwarz mit 3 von oben in das Gebiet hineinlaufen. Weiß 2 in Abbildung 111 hält den Schwarzen auf. Gleichzeitig ist Weiß 2 Atari und Schwarz muss auf 3 decken. Doch Schwarz 3 ist nicht nur ein Deckungszug, er ist wiederum auch Vorhand. Was passiert, wenn Weiß nicht antwortet, zeigt Abbildung 113. Angenommen Weiß sichert wieder mit 4 am unteren Rand die Gebietsgrenze, dann kann Schwarz mit 5 schneiden und den weißen Stein 2 fangen. Versucht Weiß mit 6 und 8 wegzulaufen, dann folgt Schwarz mit 7 und schlägt mit 9. Wieder hat Schwarz einen großen Teil des weißen Gebiets zerstört. Um genau das zu verhindern, muss Weiß in Abbildung 111 mit 4

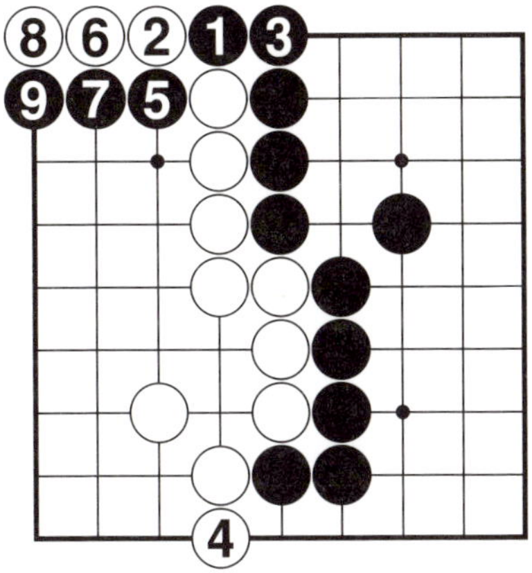

Abb. 113

verteidigen. Diese Zugfolgen sind sehr typisch für das Endspiel.

Die Abfolge 5 bis 7 in Abbildung 111 ist Nachhand für Schwarz, denn er setzt hier als Letzter. Was passiert, wenn Schwarz statt der Vorhandabfolge 1 bis 4 (Abbildung 111) zuerst diese Nachhand-Abfolge spielt?

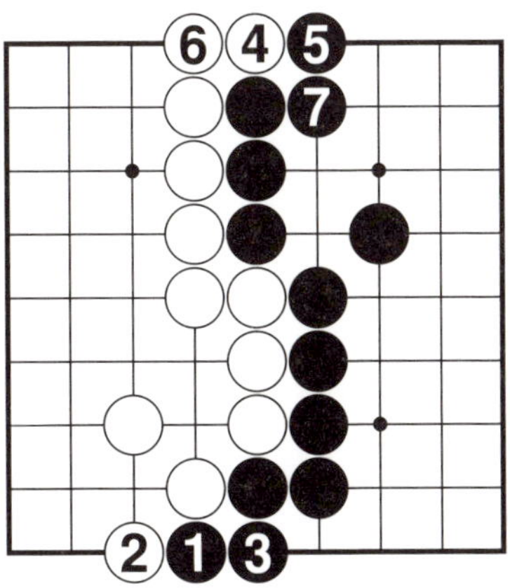

Abb. 114

Abbildung 114 zeigt das Ergebnis. Schwarz spielt zuerst 1, Weiß 2 verteidigt und droht gleichzeitig den schwarzen Stein zu schlagen. Schwarz 3 deckt. Nun hat Weiß Sente und kann bestimmen, wie es weitergeht. Weiß wird jetzt die Vorhand-Abfolge 4 bis 7 spielen. Schwarz muss mit 5 und 7 verteidigen, denn sonst droht ihm das gleiche wie Weiß in Abbildung 112 und 113. Die schwarze Spielweise in Abbildung 114 ist folglich nicht nutzbringend, denn jetzt verliert Schwarz zwei Gebietspunkte am oberen Brettrand und damit auch die Partie. Schwarz muss, wie in Abbildung 111 gezeigt, erst die Vorhandabfolge spielen, denn Weiß wird sie beantworten. Danach kann er die Nachhandabfolge spielen. Vorhand und Nachhand treten aber nicht nur im Endspiel auf, sondern finden sich während der gesamten Partie. Wenn Sie Ihre Partien geschickt mit Vorhand und Nachhand zu spielen wissen, können Sie entscheidende Punkte oder Vorteile herausholen.

Neutrale Punkte

Am Ende einer Partie gibt es Punkte auf dem Spielbrett, die keiner der Spieler mehr zu Gebiet machen kann. Auch bringt das Besetzen eines solchen Punktes keinen Vorteil für den einen oder anderen Spieler. Diese Punkte nennt man neutrale Punkte.

Neutrale Punkte treten immer zwischen den von den Spielern gezogenen Grenzen auf. Abbildung 115 zeigt insgesamt drei neutrale Punkte: A, B und C. Am Beispiel des Punktes A soll gezeigt werden, warum keiner der Spieler hier einen Vorteil erlangen kann.

In Abbildung 116 setzt Schwarz auf A. Das schwarze Gebiet, hier mit „s“ markiert, wird durch das Setzen dieses Steins nicht größer. Auch wird das weiße, mit „w“ markierte Gebiet hierdurch nicht verkleinert. Da sich diese Gebiete nach dem Setzen von A nicht verändern, hat ein Zug auf diesen Punkt keinen Einfluss auf

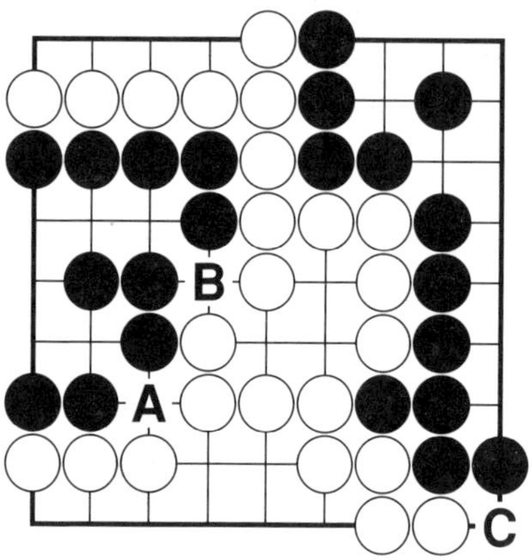

Abb. 115

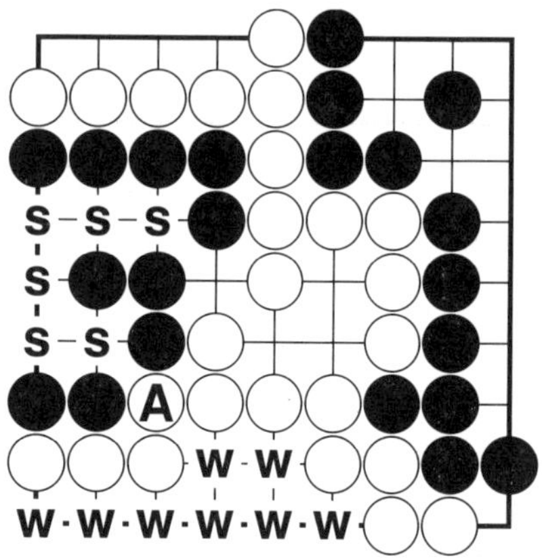

Abb. 117

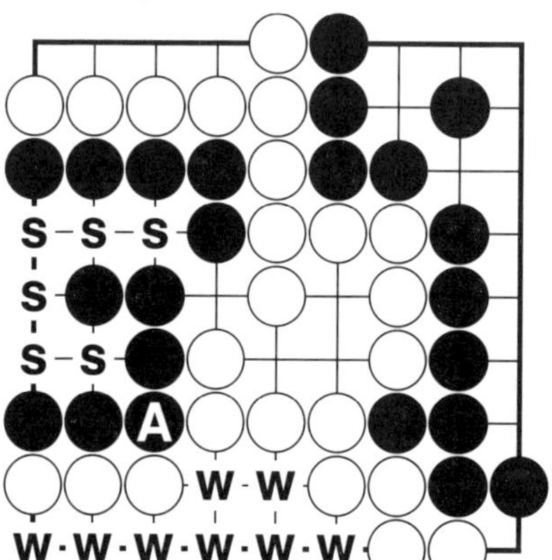

Abb. 116

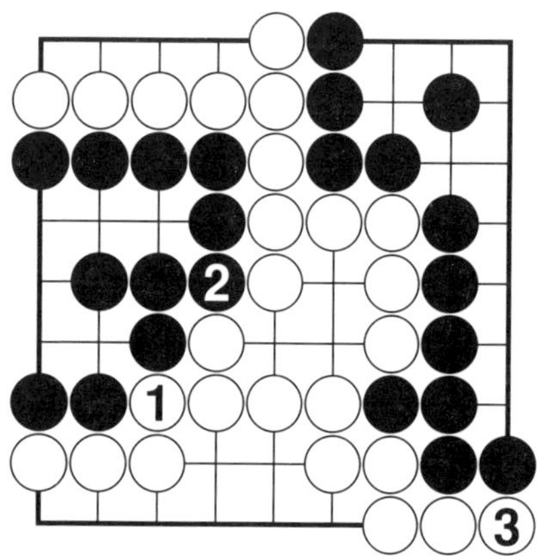

Abb. 118

die Endabrechnung. In Abbildung 117 setzt Weiß auf A. Das weiße Gebiet wird durch das Besetzen dieses Punktes nicht vergrößert und das schwarze Gebiet wird nicht verkleinert. Somit hat auch dieser Zug keinen Einfluss auf die Endabrechnung.

Am Ende der Partie werden die neutralen Punkte von beiden Spielern abwechselnd besetzt (siehe Abbildung 118), um das Brett übersichtlicher zu gestalten und das Auszählen zu vereinfachen. Dabei ist es, wie Sie gesehen haben, egal, wer welchen dieser Punkte besetzt. Sie sollten nur darauf achten, die neutralen Punkte nicht zu früh zu besetzen. Spielen Sie einen neutralen Punkt, obwohl Sie an anderer Stelle noch ihr Gebiet vergrößern oder das des Gegners verkleinern könnten, dann ist das ein verschenkter Zug.

Wann ist eine Partie zu Ende?

Die Regeln sagen: Das Ende einer Go-Partie ist erreicht, wenn beide Spieler direkt hintereinander passen, also auf einen Zug verzichten. Ein Spieler wird dann auf einen Zug verzichten, wenn er keine sinnvollen Züge mehr spielen kann. Was aber genau sind sinnvolle Züge? Sinnvolle Züge sind Züge, die entweder zusätzliche Punkte machen oder dem Gegner Punkte abnehmen. Gibt es keinen Zug mehr, der das eine oder andere Kriterium erfüllt, dann ist die Partie zu Ende. Abbildung 119 zeigt noch einmal die Stellung aus Abbildung 108. Nachdem Schwarz den letzten Punkt für Weiß verhindert hat, ist nun Weiß am Zug. Da das gesamte Spielbrett in schwarzes oder weißes Gebiet aufgeteilt ist, gibt es für Weiß eigentlich nur noch zwei Möglichkeiten: Entweder er setzt in sein eigenes Gebiet oder in das von Schwarz.

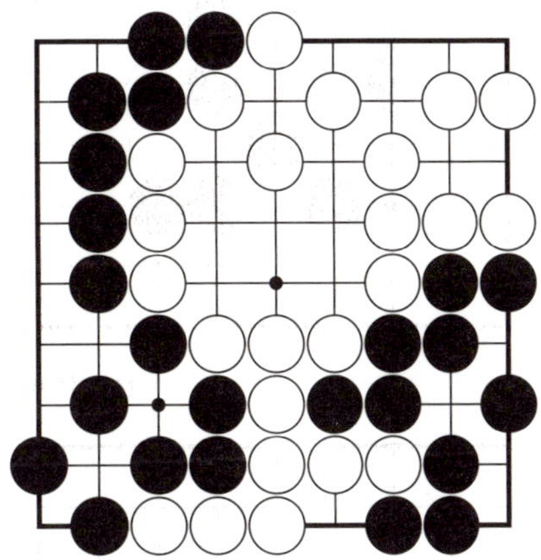

Abb. 119

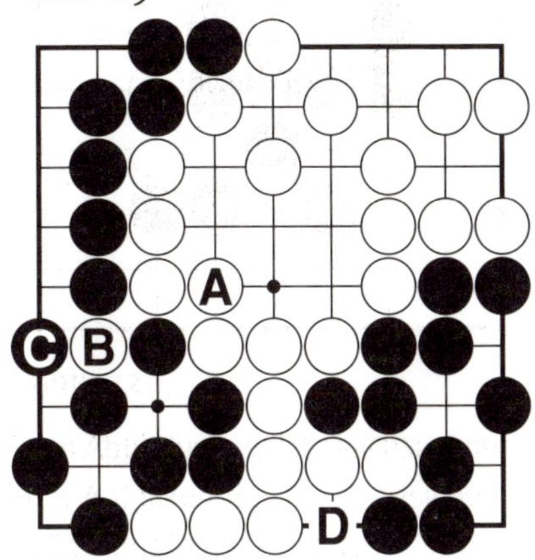

Abb. 120

In Abbildung 120 setzt Weiß mit A zum Beispiel in das eigene Gebiet. Auf diese Weise nimmt er sich selbst einen Punkt weg, was natürlich nicht sinnvoll ist. Deshalb wird Weiß weder auf A noch auf irgendeinen anderen Punkt innerhalb seines eigenen Gebiets setzen.
Weiß B ist ebenfalls kein sinnvoller Zug. Weiß droht zwar ein Atari an, aber Schwarz wird diesen Stein sofort mit C schlagen. Da Schwarz mit C in sein eigenes Gebiet gesetzt hat, könnte man annehmen, dass Weiß den Schwarzen gezwungen hat, sein eigenes Gebiet zu verkleinern. Aber der Preis dafür ist ein geschlagener Stein. Da Weiß einen Stein verliert und Schwarz einen Gebietspunkt, ist das Ergebnis des Abtauschs B für C für beide Seiten gleich null. Auch das Besetzen des neutralen Punkts D bringt keinen Zugewinn für Weiß.

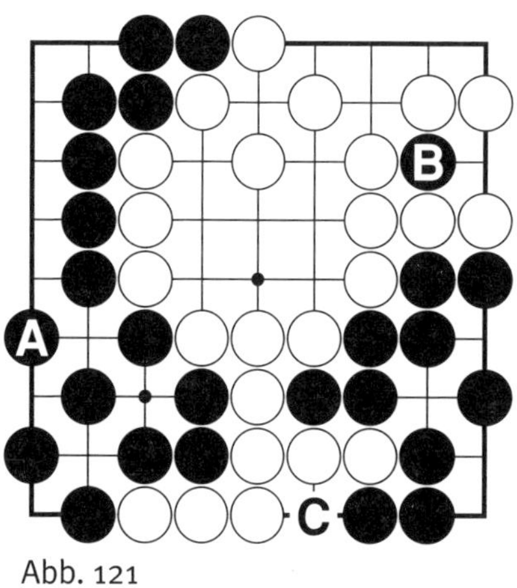

Abb. 121

Da es für Weiß keine Möglichkeit mehr gibt, einen Punkt zu machen oder dem Gegner abzunehmen, wird er auf das Setzen verzichten. Er passt. Nun ist Schwarz am Zug.
In Abbildung 121 würde Schwarz zum Beispiel mit A in das eigene Gebiet setzen. Das Setzen von Schwarz A zählt wie ein Minuspunkt für Schwarz, denn er verliert so einen Gebietspunkt. Daher wird Schwarz weder auf A noch auf irgendeinen anderen Punkt innerhalb seines eigenen Gebiets setzen.
Schwarz B ist auch kein sinnvoller Zug, denn er setzt in das sichere weiße Gebiet. Dieser Stein allein kann keine zwei Augen bilden, auch tötet er keine weißen Steine. Somit hat der Stein keine Funktion. Er kann auch nicht mehr weglaufen und mit den anderen schwarzen Steinen verbunden werden. Der Stein ist tot. Am Ende der Partie wird er vom Brett genommen und fließt als Punkt für Weiß in die Abrechnung ein. Daher wird Schwarz diesen und ähnliche Züge nicht spielen. Auch das Besetzen des neutralen Punkts C bringt keinen Zugewinn für Schwarz. Da es für Schwarz keine Möglichkeit mehr gibt, einen Punkt zu machen oder dem Gegner abzunehmen, wird auch er auf das Setzen verzichten. Er passt. Nun haben beide Spieler nacheinander gepasst – die Partie ist zu Ende. Jeder Stein soll einen zählbaren Nutzen bringen. Sie haben gesehen, dass es in unserem Beispiel nicht mehr möglich war, weitere Punkte zu machen.

Schach und Go

Das Schachfeld hat 64 Felder, von denen 32 zu Spielbeginn mit Figuren besetzt sind. Das 19x19-Go-Brett hat 361 Schnittpunkte, die zu Spielbeginn leer sind. Während die Schachfiguren verschiedenen Bewegungsvorschriften folgen, sich gegenseitig dezimieren und verschiedene Sonderregeln wie die Rochade haben, werden Go-Steine nur einmal gesetzt und dann nicht mehr bewegt. Auf diese Weise nimmt ihre Anzahl im Spielgeschehen immer weiter zu.

Das Go-Spiel weist nur zwei Zusatzregeln auf, die ein bestimmtes Setzen von Steinen verbietet. Aus den wenigen Einschränkungen, die das Go kennt, leitet sich die unermessliche Vielzahl der möglichen Spielvarianten her. Im Schach, so hat man ermittelt, gibt es rund 10^{120} mögliche Spielvarianten. Diese Zahl – eine Zehn mit 120 Nullen – ist größer als die Anzahl aller Atome im Universum. Für das Go-Spiel gehen die Überlegungen von etwa 10^{768} Spielkombinationen (Fakultät von 361) aus.

Spielverlauf und Strategie

Im Schach gibt es eigentlich nur eine Angriffsrichtung: nach vorn. Da der König das Lebenszentrum der Armee ist, sind letztendlich alle Angriffe und Abwehrmanöver auf seine Person ausgerichtet. Im Verlauf des Kampfs nimmt man sich gegenseitig Figuren weg, bis der Gegner besiegt ist oder man sich mangels eigener, verbleibender Figuren auf ein Remis einigt. Mit der abnehmenden Figurenzahl nähert man sich dem Showdown, der letzten Entscheidungsschlacht.

Im Go gibt es zu Beginn keine Angriffs- oder Verteidigungslinien. Es gibt kein vorn, kein hinten, keinen greifbaren Gegner. Die Grenzlinien, die es zu verteidigen oder anzugreifen gilt, werden erst im Verlauf des Spiels geschaffen. Indem die Spieler Stein für Stein setzen, baut sich das Spiel organisch auf. Die großen Kämpfe finden im Mittelspiel statt, die Brennpunkte wechseln ständig und beeinflussen sich gegenseitig. Hier gilt es, den strategischen Überblick zwischen allen Kämpfen und Manövern zu bewahren. Das geschickte Einsetzen von großen Opfern oder das Austauschen gesamter Gebietsanlagen, die man „Furikawari“ nennt, lassen den Spielern viel Handlungsspielraum beim Entwickeln von Strategien.

Mit dem Endspiel tritt der Kampf in eine ruhige Phase ein. Es werden noch die letzten Grenzlinien abgestimmt, die letzen Details geklärt. Der lange Prozess des Teilens und Handelns findet hier seinen Abschluss. Obwohl es selten Partien gibt, in denen keine Steine geschlagen werden, kann es durchaus vorkommen, dass am Ende alle gesetzten Steine noch auf dem Brett stehen.

Go und Computer

Das Jahr 2016 ging in die Geschichte des Go-Spiels ein. Während Schachweltmeister Gary Kasparov bereits 1997 gegen den Schachcomputer Deep Blue verlor, sah man im Go das gleiche Ereignis noch in weiter, wenn nicht gar in unerreichbarer Ferne. Es bedarf sicher keines komplizierten Programms, damit ein Computer ein regelgerechtes Spiel spielen kann. Das Schlagen von Steinen oder Steinketten ist sicher auch kein Problem für den Computer, ebensowenig das Auszählen von abgeschlossenen Gebieten.

Schwieriger wurde es, wenn die Steine sich gegenseitig mehrfach umzingelten oder auch weiter entfernt liegende Steine zu berücksichtigen waren. Bezog man strategische Überlegungen ein, so wurde es noch diffiziler, da die Programme meist lokale Bewertungen vornahmen und die globalen Zusammenhänge ausblendeten. Ein taktischer Erfolg, wie das Fangen einer Gruppe von Steinen, ist nicht zwingend ein positiver Beitrag für den Partieverlauf. Auch Ko-Kämpfe, die sich nicht nur auf eine Brettecke beschränken, sondern stets Drohungen einbeziehen, die Veränderungen am anderen Brettende bewirken, verlangen eine globale Bewertung des Spiels. Die Formalisierung von Konzepten wie Einfluss und Stärke galt ebenso schwierig umzusetzen wie die Vorstellung von potenziellen Gebieten. Anfang des neuen Jahrtausend gab es die erste spürbare Veränderung, denn die Monte-Carlo-Spielbaumsuche wurde in Go-Programmen eingeführt. Zur Bewertung einer Spielstellung im Monte-Carlo-Verfahren werden eine Vielzahl von Spielen der zu bewertenden Position bis zu einer bestimmten Spieltiefe eher zufällig weiter gespielt. Die entstehenden Stellungen werden bewertet und daraus ein Rückschluss auf die Ausgangstellung gezogen. Die Stärke dieses Verfahrens wird wesentlich durch zwei Faktoren bestimmt: Die Vorbewertung von potentiellen Zügen zur Auswahl und die statistisch aussagekräftige Simulation von Go-Partien. Je mehr Zufallsspiele in gegebener Zeit berechnet werden können, desto stärker ist das Go-Programm. Das Hauptproblem der Weiterentwicklung bestand darin, die Suchläufe noch intelligenter zu machen. Mit der Einführung der Monte-Carlo-Suche konnten sich die Programme bis auf starkes Amateurniveau vorkämpfen.

Die große Überraschung wurde im Frühjahr 2016 von Google verkündet, deren Tochterfirma Deepmind das Computerprogramm AlphaGo vorstellte und den stärksten Profi-Spieler, Lee Sedol (siehe Kasten Seite 73), herausforderte. Den spektakulären Kräftevergleich zwischen Mensch und Computer entschied AlphaGo mit 4:1 für sich. Der Sieg der Software gegen einen der weltbesten Go-Spieler gilt als großer Fortschritt in der Entwicklung selbst lernender Maschinen, denn Go galt wegen der unendlich vielen möglichen Spielzüge für die künstliche Intelligenz als besonders schwer zu knacken.

Die Hauptelemente von AlphaGo sind zwei neuronale Netze. Das eine schlägt gute Züge vor, das andere führt die Bewertungen der Stellungen aus. AlphaGo wurde zu Beginn mit etwa 30.000 Partien menschlicher Spieler trainiert. Anschließend spielte es Millionen Partien gegen sich selbst, um besser zu werden und zu lernen, welche Züge zum Erfolg führen.

Dem Ruf des Go-Spiels schadete der Sieg von AlphaGo nicht, denn das Duell erhöhte dessen Bekanntheitsgrad im Westen und das allgemeine Interesse an Go.

Heute gibt es eine Vielzahl an Go-Programmen. Viele spielen als sogenannte Bots auf den Internetservern (siehe Kasten), wo sich menschliche Spieler aus aller Welt zum Go spielen treffen. Go spielende Programme bieten nicht nur dem Anfänger, der keinen Spielpartner findet, eine Alternative um Spielerfahrung zu sammeln.

Go online spielen

Im Internet gibt es verschiedene Spielserver, auf denen sich rund um die Uhr Spieler aus aller Welt treffen, um Go-Partien zu spielen, um mehr über das Spiel zu lernen oder mit Gleichgesinnten zu chatten. Bei den deutschen Go-Spielern ist der Kiseido Go-Server (KGS) besonders beliebt, der auch vom Deutschen Go-Bund empfohlen wird. Um auf dem KGS zu spielen, muss man sich ein kleines Programm herunterladen. Neben einer ansprechenden Grafik bietet es eine Nutzeroberfläche in zahlreichen Sprachen an. Alle Menüpunkte und Optionen sind somit auch in Deutsch ausgewiesen.

In der „Deutsche Ecke“, einem der virtuellen KGS-Räume, wird seit 2005 jährlich von Oktober bis Mai die vom Deutschen Go-Bund durchgeführte Go-Bundesliga ausgetragen. In mehreren Ligen treten hier Mannschaften zu je vier Spielern aus ganz Deutschland an. In Spitzenzeiten sind allein in der „Deutschen Ecke“ mehr als 500 Spieler und Zuschauer online.

Obwohl das Internet eine wunderbare Möglichkeit für Spieler bietet, die keinen Mitspieler in ihrer Nähe haben, kann das Internet das Brettspiel nicht ersetzen. Ein Mitspieler, dem man in die Augen sehen und den man beim Grübeln beobachten kann, ist bei einem so vielfältigen Spiel wie Go nur schwer ersetzbar.

Go-Server

Kiseido Go Server (KGS):
https://www.gokgs.com
Open Go Server (OGS):
https://online-go.com
Pandanet (IGS):
https://pandanet-igs.com
Dragon Go Server:
https://www.dragongoserver.net

Übungen Kapitel Vier

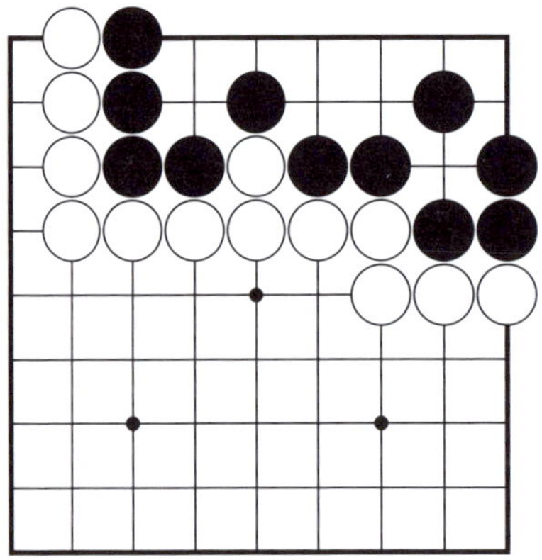

Ü 18

Übung 18: Handelt es sich hier um sicheres Gebiet oder muss Schwarz noch einen zusätzlichen Stein zur Sicherung setzen?

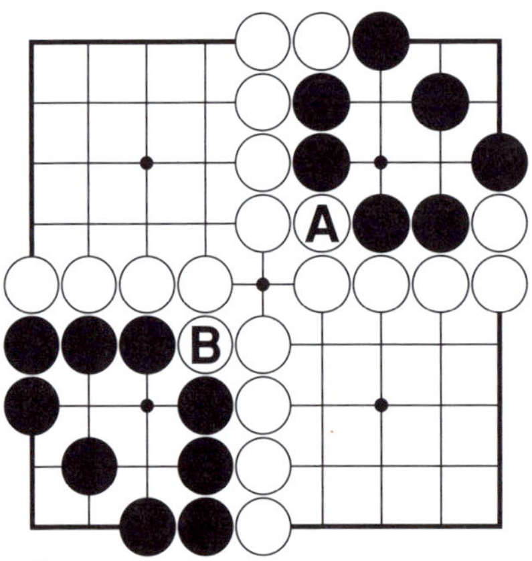

Ü 19

Übung 19: Weiß hat die Punkte A und B besetzt. Handelt es sich dabei um neutrale Punkte?

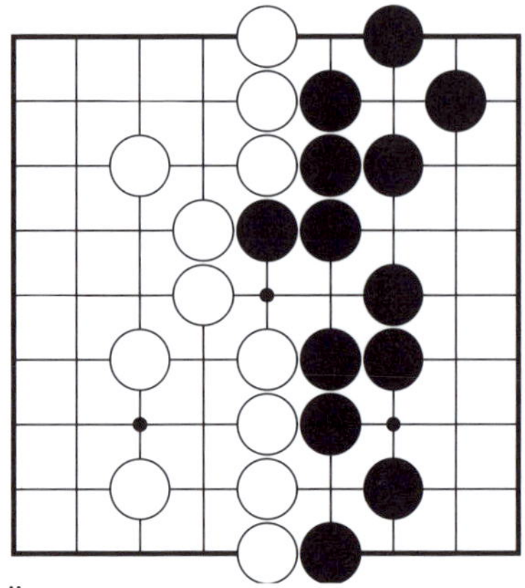

Ü 20

Übung 20: Wo kann Weiß noch Punkte machen? Gibt es eine Vorhand, die Weiß bevorzugt spielen sollte? Welche Punkte sind neutral?

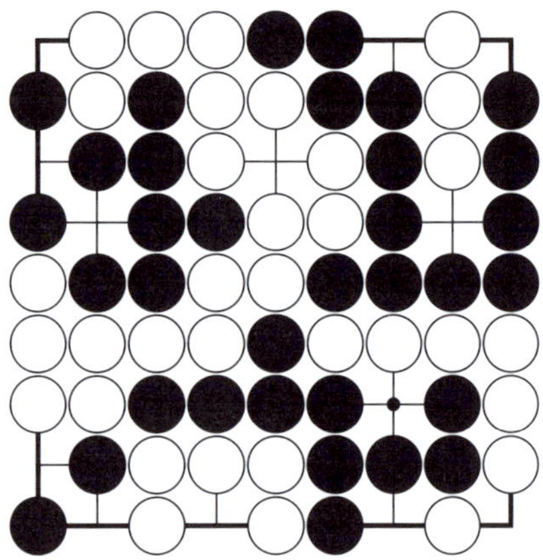

Ü 21

Übung 21: Überlegen Sie, welche Steine leben und welche tot sind! Nehmen Sie sich für diese Aufgabe ruhig etwas mehr Zeit, denn sie ist besonders knifflig.

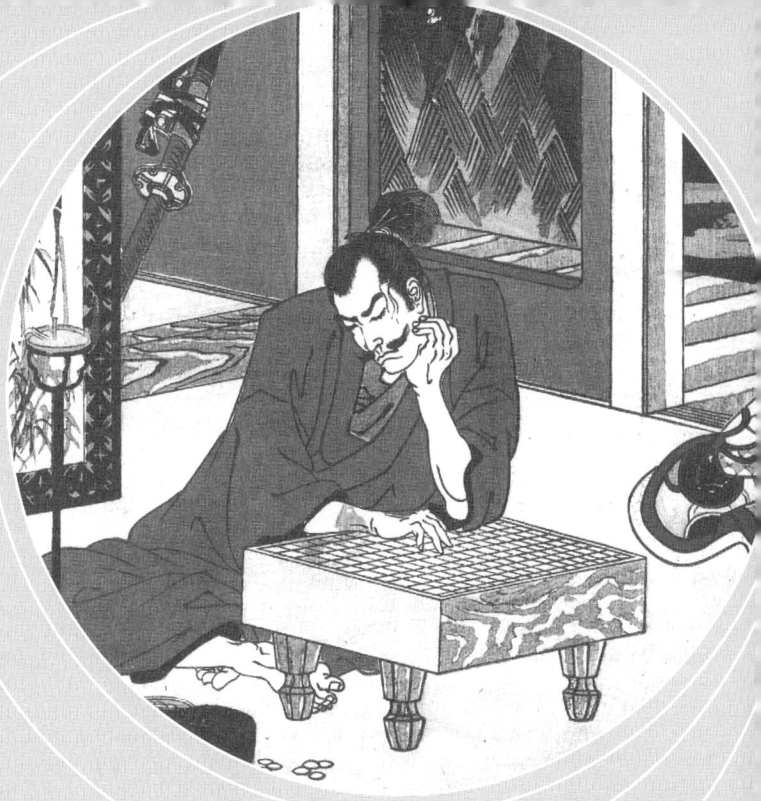

Kapitel Fünf
Nach dem Spiel

Nach dem Spiel bedanken sich die Go-Spieler für die Partie und räumen die Steine wieder ab. Zeit für einen Austausch über die Hoch- und Tiefpunkte der gespielten Partie ...

Spielkultur

Wenn die Spieler die Partie beendet haben, dann gebietet es die Höflichkeit, sich für die Partie zu bedanken und die Spielsteine gemeinsam abzuräumen und wieder in ihre Dosen zu legen. Dabei sammelt jeder Spieler die Steine seiner Farbe ein.

Es gibt eine lange und alte Tradition im Go. Der Gewinner einer Go-Partie schuldet seinem unterlegenen Mitspieler eine Lektion. In der Regel ist dies eine Analyse der gespielten Partie. Der stärkere Spieler zeigt dem schwächeren seine Fehler und gibt ihm Tipps, wie er sein Spiel verbessern kann. Diese Tradition fördert nicht nur die Spielstärke der Schwächeren, sondern auch die zwischenmenschliche Kommunikation und den Zusammenhalt in der weltweiten Gemeinde der Go-Spieler. Der Gewinner trägt folglich eine „Last", die er nicht einfach abwerfen kann. Er kann sich nicht einfach seinen Gefühlen hingeben, freudig herumspringen und laut seinen Sieg feiern, wie es bei manchen Sportarten üblich ist. Seine Aufgabe ist es, den Verlierer nicht allein zu lassen, sondern ihm zu zeigen, was er aus dieser Erfahrung lernen kann.

Aus Fehlern lernen

Der Gewinner wird die Fehler des anderen nicht abwertend kommentieren, sondern den Verlierer unterstützen, ein besseres Verständnis für das Spiel zu entwickeln. Gewinnen macht Spaß, aber machen Sie Ihrem Mitspieler, das Verlieren nicht schwerer als nötig. Irgendwann sind Sie selbst in der Situation, dass Sie sich nach einer verlorenen Partie über eine gute Lektion des Gewinners freuen. Diese Tradition trägt einmal mehr dazu bei, dass Go ein so einzigartiges Spiel ist. Dem einen oder anderen Go-Spieler passiert es hin und wieder, alle Partien in einem Turnier zu verlieren. Liegt das wohl daran, dass die anderen so gut spielen oder man selbst so schlecht? Tatsächlich gibt es zwei Arten des Verlierens: Entweder man spielt einen dicken Patzer, einen Aussetzer, der die ganze Partie verdirbt, oder man trifft auf einen Gegner, der besser ist und einen nach allen Regeln der Kunst ausspielt. Die Unterschiede sind gewaltig.

Im ersten Fall übersehen wir etwas, das wir mit unserem Verständnis des Spiels hätten unbedingt sehen müssen. Oder wir verschlafen etwas, weil unsere Aufmerksamkeit nachgelassen hat. Das sind Niederlagen, aus denen wir nicht viel lernen können. Im zweiten Fall sind wir motiviert: Obwohl wir verloren haben, sind wir von der Partie begeistert und mit unseren Spielzügen bis zu einem gewissen Grad zufrieden. Wir möchten weiterspielen, um noch einmal in den Genuss einer spannenden Partie zu kommen. In Partien dieser Art kann man erkennen, worauf man mehr Aufmerksamkeit verwenden sollte, welche Schwächen man hat und wie man sein Spiel weiter verbessern kann. Man wird ermuntert, sich die eine oder andere Spieltechnik anzusehen. Man wird stärker.

Wenn man aber seine Partie nur durch schwache Konzentration oder mangelnde Aufmerksamkeit verliert, tut man nicht nur sich selbst keinen Gefallen, sondern enttäuscht auch den Gegner. Das Verlieren oder Aufgeben einer Partie ist nichts Schlechtes. Die Art, wie er verliert, macht den Go-Spieler aus.

Zu viel des Guten

Wer hat nicht schon den Vorwurf gehört, er denke zu viel? Aber viele Dinge, die wir tun, sind nun einmal darauf angelegt, dass wir viel denken müssen, zum Beispiel bei einem Autokauf, der Urlaubsplanung oder eben auch beim Go-Spielen. Jedoch gibt es eine Grenze, wo zu viel Denken nicht effizient ist. Wenn man vernünftig über etwas nachdenken möchte, muss man zunächst das Problem klar erkennen.

Genau da zeigt sich die Schwierigkeit im Go, wenn wir die Situation des gesamten Bretts einbeziehen wollen. Man muss in das Spiel eintauchen, um es zu erfassen. Man muss die Schwächen dünner Gruppen und die Kraft starker Stellungen spüren, die Spannung von Kämpfen wahrnehmen oder den Druck, der durch fehlende Augen (siehe S. 46) verursacht wird. Häufig bringt uns das Denken nicht weiter oder führt in ein verwinkeltes Labyrinth von Varianten und Möglichkeiten. Wenn Sie ein Gefühl für das Spiel und seine Situationen entwickeln, gewinnen Sie einen guten Berater, der Ihnen zur Seite steht und Ihnen sagt, wann es Sinn macht, Zeit ins Denken zu investieren und wann Sie besser Ihrer Intuition trauen sollten.

Versuchen Sie daher, am Anfang viel nach Gefühl zu spielen und nicht allzu viel nachzudenken. Selbst wenn Sie eine Viertelstunde grübeln, wird ihr Mitspieler in den meisten Fällen doch etwas ganz anderes spielen, als Sie sich gedacht haben.

Team-Go

Wer denkt, Go sei nur etwas für Einzelkämpfer, der irrt sich. Es haben sich mit der Zeit verschiedene Formen von Mannschaftswettbewerben etabliert. Die einfachste Form eines Mannschaftskampfes besteht darin, dass zwischen den Mitgliedern der Mannschaften zeitgleich mehrere Partien gespielt werden. Die Mannschaft, die die meisten Einzelpartien gewinnt, ist auch der Gesamtsieger. Auf dieser Basis wird zum Beispiel die Deutsche Bundesliga (siehe S.104) an vier Spielbrettern ausgetragen. Im Hans-Pietsch-Memorial (siehe S.105) treten dagegen Mannschaften aus nur drei Spielern gegeneinander an.

Die höhere Form der Mannschaftswettbewerbe stellen das Rengo und das Paar-Go dar. Das Paar-Go hat einen ganz besonderen Reiz für Go-Spieler und kann in etwa mit einem gemischten Doppel im Tennis verglichen werden. Ein Paar-Go-Team besteht aus einem weiblichen und einem männlichen Spieler, die jeweils abwechselnd die Steine ihrer Farbe auf das Brett setzen. Somit darf jeder Spieler nur jeden vierten Stein einer Partie setzen. Die Schwierigkeit des Spiels besteht nun darin, dass sich die beiden Teamspieler weder untereinander beraten, noch sich über Taktiken und Strategien austauschen dürfen. Die einzig zulässige Frage an den Mitspieler ist die, ob er oder sie einer Aufgabe zustimmt. Dass man sich über Spielzüge nicht austauschen darf, bedeutet, dass man nicht nur überlegen muss, was der Gegner vorhat, sondern auch welche Pläne der eigene Mitspieler verfolgt. Zudem gilt es zu prüfen, inwieweit der eigene Plan auch für den Mitspieler ersichtlich ist. Schließlich bringt es nichts, wenn man den ersten Zug eines Angriffs spielt und der eigene Mitspieler ihn nicht korrekt fortsetzen kann. Aus diesem Grund verzichten viele Spieler lieber auf komplizierte Varianten und bevorzugen eine einfachere, für beide Spieler deutliche Spielweise. Das Paar-Go stellt somit sehr hohe Anforderungen. Es gibt Deutsche Meisterschaften sowie Europa- und Weltmeisterschaften im Paar-Go.

Rengo-Go ist eine allgemeinere Form des Paar-Go. Männer und Frauen können ein Team bilden und in der Regel wird Rengo-Go mit drei Spielern pro Team gespielt. Das bedeutet, dass jeder Spieler nur jeden sechsten Zug einer Partie spielt. Sie können sich sicher vorstellen, wie viel Spaß die Spieler nach der Partie daran haben, sich gegenseitig zu erklären, was man wie alles hätte anders machen können oder sollen!

Paar- und Rengo-Go trainieren die Teamfähigkeit. Sie zeigen, dass die besten Einzelkämpfer keine Chance haben, wenn die Mitspieler ihre Pläne nicht unterstützen oder nicht umsetzen können.

Turnier-Go

Sie werden sich sicher fragen, ob oder ab wann Sie an einem lokalen Go-Turnier teilnehmen können. Da die Turniere im Allgemeinen auf dem 19x19-Brett ausgetragen werden, ist es natürlich sinnvoll, sich nicht nur mit dem kleineren 9x9-Brett zu beschäftigen, sondern sich später auch auf das „große“ Brett zu wagen.

Wenn Sie einige Partien auf dem 19x19-Brett gespielt haben, dann können Sie auch schon an einem Turnier teilnehmen, denn bis auf Meisterschaften sind alle Turniere für jeden Spieler gleich welcher Spielstärke offen. Natürlich können Sie – aus verständlichen Gründen – nicht erwarten, dass Sie gleich im ersten Versuch auch der Turniersieger werden. Aber Sie werden dennoch Ihre Kräfte in einem fairen Rahmen mit anderen Spielern messen können, denn Sie erhalten nur Gegner, die Ihrer Spielstärke entsprechen. Wenn Sie eine Partie gewinnen, dann wird Ihnen in der nächsten Runde ein stärkerer Gegner zugelost oder jemand mit der gleichen Einstufung, der ebenfalls eine Partie gewonnen hat. Je mehr Partien Sie also gewinnen, desto stärkere Gegner erhalten Sie. Wenn Sie jedoch mehrere Partien verlieren, dann werden Sie Stück für Stück hinabgelost und erhalten „leichtere“ Gegner.

Ein durchschnittliches Turnier besteht in der Regel aus fünf Runden, das bedeutet aus fünf Partien. Wenn Sie am Ende ein 3:2 oder ein 2:3 erzielt haben, dann ist das ein gutes Ergebnis. Wenn Sie sogar 4:1 oder 5:0 gespielt haben, dann haben Sie außerordentlich gut abgeschnitten. Ein solcher Turniererfolg hat zur Folge, dass Sie auch Ihre eigene Spielstärke anpassen, indem Sie sie um einen Grad hoch stufen.

Die Bedeutung des Go in der westlichen Welt

Die Einführung des Go-Spiels in Europa und in Nordamerika vor gut 100 Jahren zeigt, dass das Spiel auch außerhalb Asiens beliebt geworden ist. Warum braucht die westliche Welt solch ein Spiel, wo sie doch Schach hat? Vielleicht suchen wir die Balance, die dem Spiel wie der östlichen Philosophie innewohnt. Vielleicht bestechen uns die Klarheit der einfachen Regeln und die Vielfalt der Möglichkeiten. In jedem Fall aber wäre die europäische Spielkultur ohne Go um vieles ärmer. In Europa kam es seit 1950 zu einer verstärkten Verbreitung des Go-Spiels, die 1957 zur Gründung des Europäischen Go-Verbandes (EGF – European Go Federation) führte. Im gleichen Jahr wurde der Europäische Go-Kongress eingeführt, der seither einmal im Jahr stattfindet und Go-Spieler aus nahezu allen europäischen Ländern anlockt. Auch Profis und Amateur-Go-Spieler aus Asien nehmen den weiten Weg auf sich, um auf dem zweiwöchigen Kongress, der jedes Jahr in einem anderen Land stattfindet, den Kontakt mit europäischen Spielern zu pflegen. Neben zahlreichen Turnieren, Lehrveranstaltungen, Ausflügen und sportlichen Aktivitäten wird auf dem Kongress auch die Europameisterschaft ausgetragen. Der erste Europameister hieß Felix Dueball und kam aus Deutschland. Heute gibt es eine starke Dominanz russischer Spieler. Unbestrittene Nummer Eins in der westlichen Welt ist der siebenmalige Europameister Alexandr Dinerchtein.

Die größten Go-Nationen in Europa, sofern man eine solche Aussage treffen kann, sind

Deutschland, Frankreich, Großbritannien und Russland. Aber auch die anderen Länder verzeichneten in den vergangenen Jahren einen stetigen Zuwachs an Spielern, aber auch in den Spielstärken und in der Anzahl der Turniere. Eine Übersicht der Mitgliedsländer der EGF finden Sie im Anhang.

Go in Deutschland

Man schätzt heute die Zahl der aktiven Go-Spieler in Deutschland auf einige Tausend. Den Mittelpunkt bildet der Deutsche Go-Bund (DGoB), der seit fast 50 Jahren als eingetragener Verein existiert.

Der DGoB nimmt als Dachverband zahlreicher Landesverbände in erster Linie überregionale Aufgaben wahr, zum Beispiel die Herausgabe der für alle Mitglieder des Bunds kostenlosen Deutschen Go-Zeitung, die Organisation von Meisterschaften und Pokalturnieren, die Pflege internationaler Kontakte und die Präsentation des Go in der Öffentlichkeit.

Die Landesverbände unterstützen die regionalen Go-Gruppen, ihre Spieltreffs und die Organisation der lokalen Go-Turniere. Viele Go-Spieler treffen sich regelmäßig auf Seminaren und Veranstaltungen zum Spielen, Lernen und Fachsimpeln. Die Landesverbände sind auch die ersten Ansprechpartner, wenn Sie einen Spieltreff oder einen Go-Kurs in Ihrer Nähe suchen. Sie finden daher eine umfassende Liste aller Adressen und Kontaktdaten im Anhang des Buchs (siehe S. 116).

Das bedeutendste Turnier ist die deutsche Einzelmeisterschaft, in der jedes Jahr der Deutsche Meister ermittelt wird. Pendants dazu sind die Deutsche Damenmeisterschaft, die Deutsche Jugend-Meisterschaft und das Hans-Pietsch-Memorial (HPM), eine Schul-Go-Mannschaftsmeisterschaft, die zu den größten Go-Ereignissen des Jahres zählt. Es reisen sogar japanische Profis an, die den Schülern in spannenden Lektionen einen tieferen Einblick in die Welt des Go vermitteln. Ehrenamtlich tätige Lehrer und Helfer unterstützen die Verbreitung von Go-AGs in deutschen Schulen.

Des Weiteren gibt es einen Deutschland-Pokal, einen Kids-und-Teens-Pokal sowie verschiedene regionale Ligen. Aus dem Experiment eines Berlin-Hamburg-Super-Go im Jahr 2003 nach dem Vorbild des China-Japan-Super-Go, dessen Austragung im Internet zahlreiche Schaulustige anzog, entstand 2004/2005 die Deutsche Bundesliga. Die Mannschaften, die aus allen Teilen Deutschlands kommen, bestehen aus vier Stammspielern und ebenso vielen Ersatzspielern. In mehreren Ligen kämpfen sie um die Meisterschaft, den Auf- oder Abstieg.

An den Bundesliga-Spieltagen sind jedes Mal Hunderte von Spielern und Zuschauern online, die mit ihren jeweiligen Mannschaften mitfiebern. Informationen zum Online-Spielen finden Sie auf Seite 97.

Berühmte Spieler: Hans Pietsch

Hans Pietsch, geboren 1968, war der erfolgreichste deutsche Go-Spieler. Seine schnelle Go-Karriere begann 1984, als er erstmals einen Spieltreff in seiner Heimatstadt Bremen besuchte. Schon ein Jahr später wurde er 1. Dan und 1988 gewann er als 5. Dan die Deutsche Meisterschaft.

Bei einem seiner Turniere lernte er die japanische Profi-Spielerin Chizu Kobayashi kennen, die es sich zur Aufgabe gemacht hatte, die Verbreitung des Go im westlichen Teil der Welt zu fördern. Sie lud ihn zum Go-Studium nach Japan ein. Hans Pietsch brach sein Studium in Deutschland ab und ging 1990 nach Japan. Er wurde der einzige deutsche Profi-Spieler des Nihon Kiin. Er errang den 4. Dan. Seine bedeutendste Partie war der Sieg gegen Yoda Norimoto 9. Dan im 2. LG Cup im Jahr 1997.

Am 16. Januar 2003 wurde Hans Pietsch in Guatemala Opfer eines bewaffneten Raubüberfalls. Er befand sich auf einer Promotion-Tour für das Go-Spiel, die vom Nihon Kiin organisiert wurde und durch Kuba, Guatemala und Mexiko führte. Der Nihon Kiin verlieh Hans Pietsch postum den 6. Dan. Der Deutsche Go-Bund veranstaltet jährlich das „Hans-Pietsch-Memorial“, eine Schul-Go-Meisterschaft zum Andenken an den talentierten Spieler.

Go in Österreich und in der Schweiz

Auch in Österreich und in der Schweiz nahm die Anzahl der Spieltreffs in den vergangenen Jahren zu und die Teilnehmerzahlen an Go-Turnieren steigen stetig an. Der Österreichische Go-Verband besteht seit 1965 und war bereits viermal Gastgeber des Europäischen Go-Kongresses: 1970 (Wien), 1975 (Krems), 1981 (Linz) und 1990 (Wien). Mit Manfred Wimmer konnte Österreich schon 1969 einen Europameister stellen, der den Titel dreimal gewann. Das letzte Mal holte Helmut Hasibeder im Jahr 1978 den Titel nach Österreich. Nach einer langen Pause abseits der internationalen Erfolge, versucht man derzeit wieder Anschluss an die europäische Spitze zu finden. Regelmäßige Spieltreffs gibt es im ganzen Land, von Hohenems in Vorarlberg bis in die Hauptstadt Wien.

Die Schweiz zählt eher zu den kleineren Go-Nationen in Europa. Der Schweizer Go-Verband wurde erst 1979 gegründet, zwei Jahre nachdem die erste Schweizerische Meisterschaft von einzelnen Spielern organisiert wurde. Das größte Ereignis in der Go-Geschichte des Landes stellte die Ausrichtung des Europäischen Go-Kongresses 1984 in Porrentry dar. In Städten wie Basel, Genf und Zürich und in kleineren Orten gibt es regelmäßige Spieltreffs. Eine Liste der Spieltreffs und Spielerkontakte in Österreich und in der Schweiz bekommen Sie beim jeweiligen Go-Verband (siehe Anhang S. 126).

Go im heutigen Asien

Während der vergangenen 20 Jahre kam es in China und vor allem in Korea zu einem regelrechten Go-Boom, der dazu führte, dass Japan seine ehemalige Vormachtstellung bei internationalen Turnieren verloren hat. Im Jahr 1988 gab es das erste internationale Go-Turnier, den Fujitsu Cup, der von dem japanischen Computerhersteller Fujitsu gesponsert wurde. Seither kamen zahlreiche weitere Turniere hinzu, bei denen dem Sieger teilweise Preisgelder von weit über 100.000 US-Dollar winken. In diesen offenen Turnieren treffen die großen Spieler aus China, Japan und Korea aufeinander. Einem chinesischen oder koreanischen Spieler bringt es sehr viel Ruhm und Ehre ein, wenn er einen dieser Titel nach Hause trägt.

Trotz enorm steigender Turnierpreisgelder und gut zehn Millionen Amateur-Go-Spielern drohte Go in Japan, der bedeutendsten Go-Nation, mehr und mehr zu einem Zeitvertreib der älteren Generation zu werden. Jugendliche faszinierte die bunte Welt der Computerspiele, Spielkonsolen und der japanischen Comics, der Manga. Ein Spiel, das nur zwei Farben kannte, war einfach zu langweilig. Das änderte sich überraschend als 1996 die Manga-Serie „Hikaru no Go“ (deutsch im Carlsen Verlag) erschien. Sie wurde eines der erfolgreichsten Manga und zudem im Fernsehen als Trickfilm (Anime) übertragen. Dies sorgte für einen enormen Ansturm auf japanische Go-Schulen und steigerte auch in Deutschland die Beliebtheit des Go unter Schülern. Die Serie spielt an zahlreichen realen Orten mit realen Profis. Hikaru, ihr junger Held, führt seine gleichaltrigen Leser Schritt für Schritt an das Go heran.

Brücke zwischen den Völkern

Obwohl Go ursprünglich aus China stammt, war es in der jüngeren Vergangenheit nicht immer populär. Während der Kulturrevolution (1966–1976) war es wie alle klassischen Traditionen dem Hass und dem Vernichtungszug der Roten Garden ausgesetzt. Erst nach dem Ende dieser „verlorenen Epoche“ wurde das Go-Spiel wiederbelebt. Seit 1981 gibt es eine Art System für professionelle Spieler und einen regelmäßigen aktiven Austausch mit Japan. Er besteht vor allem aus Unterrichtstouren japanischer Profis durch China und gemeinsamen Wettkämpfen zwischen den japanischen Profis und chinesischen Spitzenspielern. Heute gibt es gut 400 aktive Profi-Spieler in Japan und in China rund hundert Profis und über zehn Millionen Amateur-Spieler. Trotz der kurzen Geschichte des modernen Go in China beeindrucken die Chinesen mit einer rasanten Aufholjagd. Go ist in China heute wieder ungeheuer populär. Kinder lernen das Spiel noch bevor sie in die Schule kommen. Sie können im Rahmen des Schulsystems an Turnieren auf lokaler, regionaler oder nationaler Ebene teilnehmen. Auf diese Weise wird nicht nur der Breitensport unterstützt, sondern auch junge Talente werden rechtzeitig erkannt und gefördert.

Die Koreaner zählen zur Weltspitze

Obwohl Go (koreanisch: Baduk) in Korea bereits länger gespielt wird, als es in Japan überhaupt bekannt ist, gelang dem Spiel hier erst um 1955 der große Durchbruch. In diesem Jahr wurde der koreanische Go-Bund gegründet: der Han Kuk Kiwon. In Korea gibt es heute mit rund 150 Profis immerhin mehr als in China. Die vier wichtigsten Turniere sind der Myungin (vergleichbar dem Meijin), Tekron Cup, Wangwi und Kisung (Kisei). Die koreanischen Spieler entwickelten ihre eigenen Ideen und Theorien zum Go-Spiel. So entstanden neue Muster und Spieltechniken, die nicht nur in geschlossenen Go-Schulen diskutiert wurden, sondern auch in der Öffentlichkeit, was das allgemeine Interesse am Go förderte. In Korea gibt es auch einen bis dato einzigartigen Fernsehsender: Baduk Sky TV, der 24 Stunden am Tag über Go berichtet. Schon seit einigen Jahren hat die Myongji-Universität in Seoul einen eigenen Fachbereich Go.

Berühmte Spieler aus Korea

Mitte der 1970er-Jahre dominierte der Spieler Cho Hoon-hyun die koreanische Go-Welt. Er studierte mehrere Jahre in Japan Go. Statt aber seine Go-Karriere in Japan anzugehen, kehrte er in seine Heimat zurück und begann dort Go zu unterrichten, um die Spielstärke seiner Landsleute zu fördern. Cho Hoon-hyun dominierte nicht nur die koreanischen Go-Turniere, sondern gewann auch den ersten internationalen Ing-Cup.

Einer von Chos Schülern war Lee Chang-ho, der bereits mit 14 Jahren seinen ersten Profi-Titel gewann. In den Jahren 1990–1992 setzte er sich in zahlreichen Kämpfen gegen seinen Lehrer Cho Hoon-hyun durch und wurde damit zum stärksten Spieler in Korea. Weltklasseniveau bewies er, als er 1992 den in Japan lebenden Profi Rin Kaiho besiegte und in den Jahren 1996–1998 entscheidende Siege gegen den führenden chinesischen Profi Ma Xiaochun errang. Für seine steinerne Miene während seiner Spiele erhielt er den Namen „Steinerner Buddha“. Lee Chang-ho galt zur Jahrtausendwende als der stärkste Spieler der Welt.

Heute bringt Korea viele junge Talente hervor, wie zum Beispiel Lee Sedol, der als stärkster Spieler der Welt 2016 gegen das Computerprogramm Deepmind (siehe „Computer und Go“) antreten durfte.

Lehrpartien

Zum Abschluss sollen Ihnen einige kommentierte Go-Partien Lust zum Nachspielen machen. Wenn Sie dieses Buch aufmerksam gelesen haben und schon einige Go-Spiele gespielt haben, dann sind sie jetzt etwa 25. Kyu. Herzlichen Glückwunsch!
Nutzen Sie die vielfältigen Möglichkeiten, andere Go-Spieler kennen zu lernen, mit ihnen Go zu spielen und dieses wunderbare Spiel immer tiefer zu ergründen. Mit den Beispielpartien endet dieses Buch, aber Ihr Weg des Go hat gerade erst begonnen.

Partie Eins

Die erste Partie wurde mit drei Vorgabesteinen und 0,5 Komi für Weiß gespielt. Figur 1 zeigt die ersten Züge der Partie: von Weiß 2 bis Schwarz 13. Weiß nimmt sich mit seinem ersten Zug die letzte verbleibende Ecke. Schwarz sichert darauf mit 3 und 5 zwei Ränder. Weiß 6 ist der erste Angriff. Schwarz ignoriert diesen, worauf Weiß in der Folge bis 13 den oberen Rand bekommt und Schwarz die Brettmitte erhält. Beachten Sie, dass die schwarzen Steine 5, 9 und 11 nicht sehr effizient sind, denn sie bilden die schlechte Form des leeren Dreiecks. Schwarz 13 ist ebenfalls ein fragwürdiger Zug, denn hier bilden die Steine 7, 9 und 13 ein zweites leeres Dreieck. Viele Punkte machen diese Steine nicht. Statt 13 hätte Schwarz den großen Punkt A spielen sollen. Schwarz sollte also statt 7 in der Partie die Abfolge in Diagramm 1 spielen. Er vermeidet auf diese Weise schlechte Form. Außerdem drückt er Weiß gegen den Rand und verhindert so, dass Weiß dort viele Punkte bekommt.

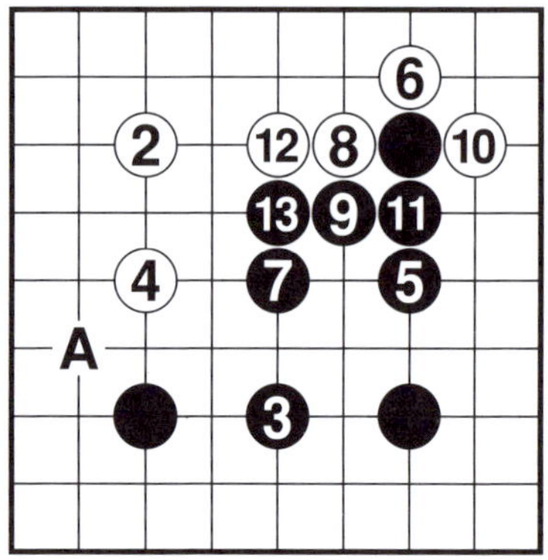

Figur 1

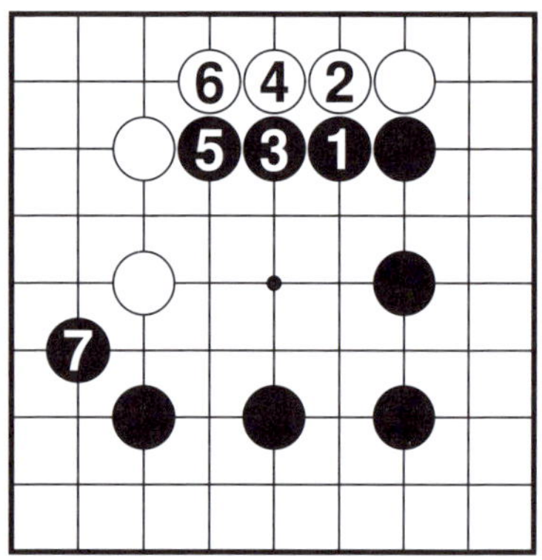

Diagramm 1

Nach Weiß 6 hat Schwarz Vorhand und kann den großen Punkt 7 besetzen (Punkt A in Figur 1).

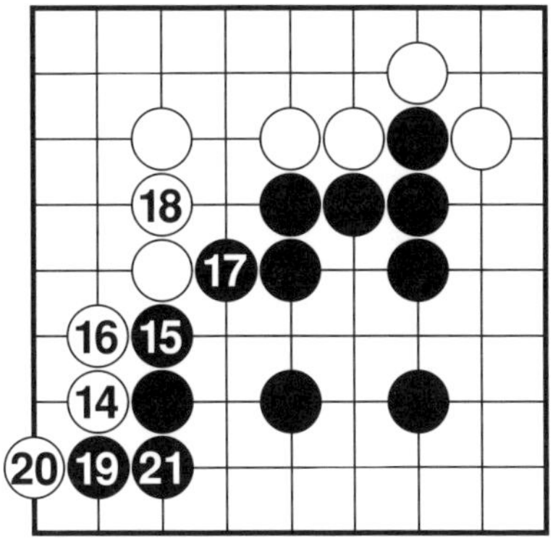

Figur 2

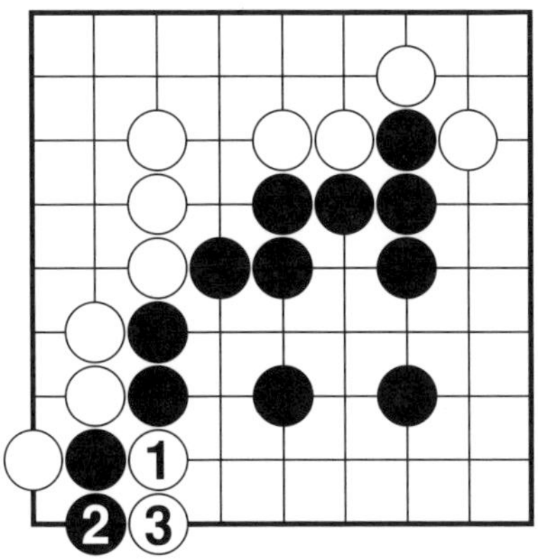

Diagramm 2

Die Fortsetzung der Partie bis 21 zeigt die Figur 2. Schwarz 15 und 17 sind gute Züge, die Weiß beantworten muss. Schwarz 21 ist ein wichtiger Deckungszug. Wenn Schwarz diesen nicht spielt, dann kann Weiß, wie in Diagramm 2 gezeigt, schneiden und schwarze Steine fangen.

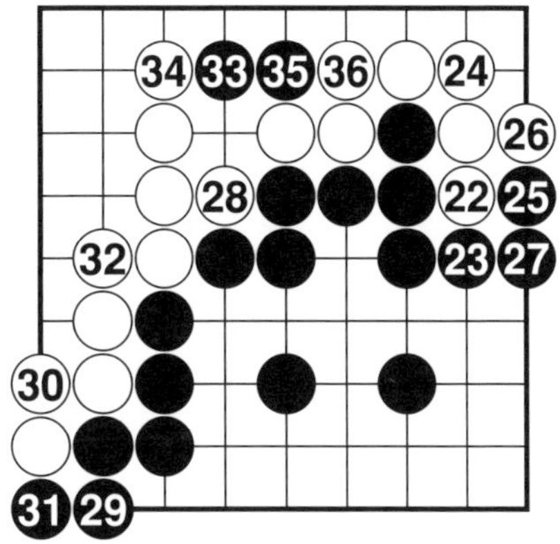

Figur 3

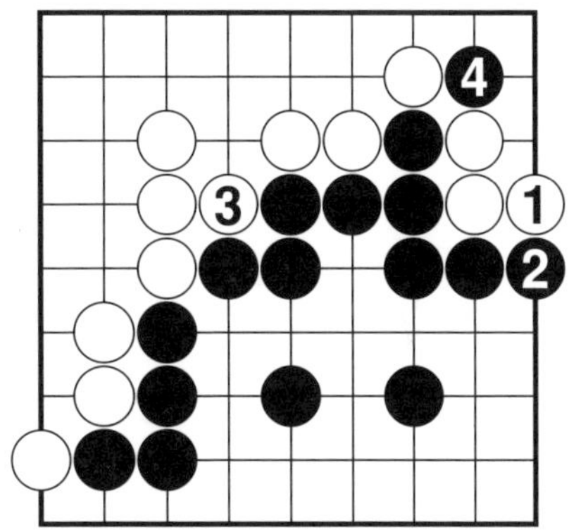

Diagramm 3

Figur 3 zeigt den Rest der Partie. Mit 22 will Weiß in das schwarze Gebiet hineinlaufen, aber Schwarz blockt mit 23. Weiß 24 ist ein früher Deckungszug. Was passieren würde, wenn Weiß zum Rand streckt und dann nicht deckt, zeigt Diagramm 3. Schwarz schneidet mit 4 drei weiße Steine ab und fängt sie. Weiß muss also früher oder später den Schnitt decken. Auch Weiß 32 in Figur 3 auf Seite 109 ist ein Deckungszug. Wenn Weiß auf diesen Zug verzichtet, dann wird Schwarz mit 1 in Diagramm 4 vier weiße Steine fangen. Weiß 32 ist in der Partie also absolut notwendig.

Nach Weiß 32 ist das Verteilen von Gebiet abgeschlossen. Schwarz versucht noch einen letzten Angriff, indem er mit 33 und 35 in das weiße Gebiet invadiert (Figur 3). Aber nachdem Weiß reagiert und verteidigt, sieht Schwarze keine Chance mehr. Beide Spieler passen und die Partie ist zu Ende. Die Partie endet mit 0,5 Punkten für Schwarz.

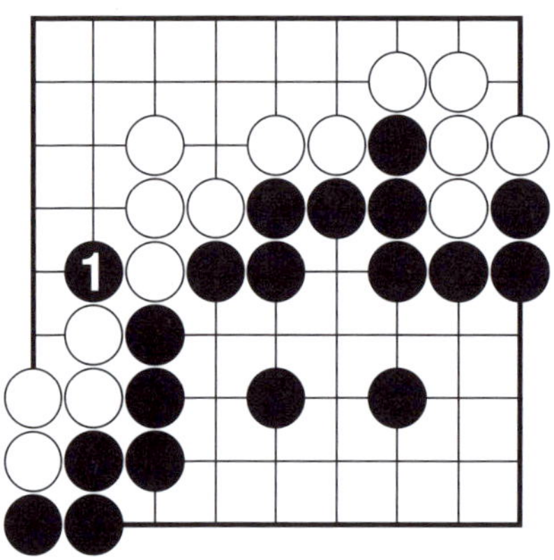

Diagramm 4

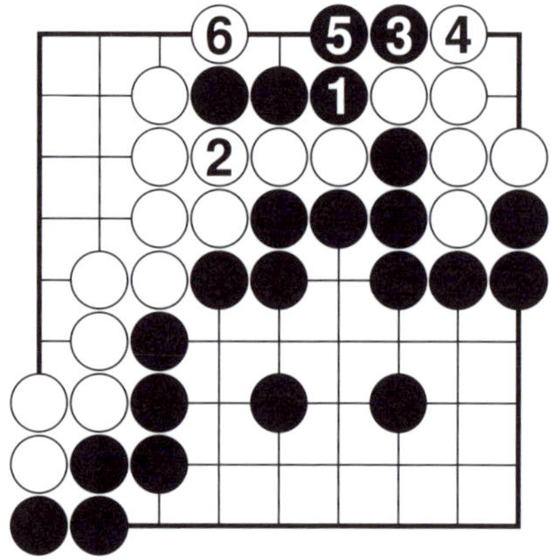

Diagramm 5

Hätte Weiß auf den Invasionszug 35 unbedingt mit 36 reagieren müssen? Nein, denn hätte er sich den Verteidigungszug gespart, könnte er am Ende einen Punkt mehr haben. Die Analyse in Diagramm 5 zeigt, dass Weiß tatsächlich hätte passen können. Wenn Schwarz daraufhin die Abfolge 1 bis 6 gespielt hätte, so wäre es ihm nicht möglich gewesen, die weißen Steine in der Ecke zu fangen. Er verliert, da er am Ende eine Freiheit zu wenig hat. Hätte Weiß sich dies in der Partie genau überlegt, dann wäre das Ergebnis 0,5 Punkte für Weiß. Somit war Schwarz 35 eine übertriebene Invasion. Sie barg keine große Gefahr in sich und hätte ignoriert werden können.

Partie Zwei

Diese Partie wurde gleichauf, aber ohne Komi für Weiß gespielt. Schwarz 5 in Figur 1 ist ein schöner Stein. Spielt Schwarz defensiv auf A, dann kann Weiß selbst auf 5 spielen und auf diese Weise ein viel größeres Gebiet beanspruchen. Die Partie wäre dann sehr schwierig für Schwarz.

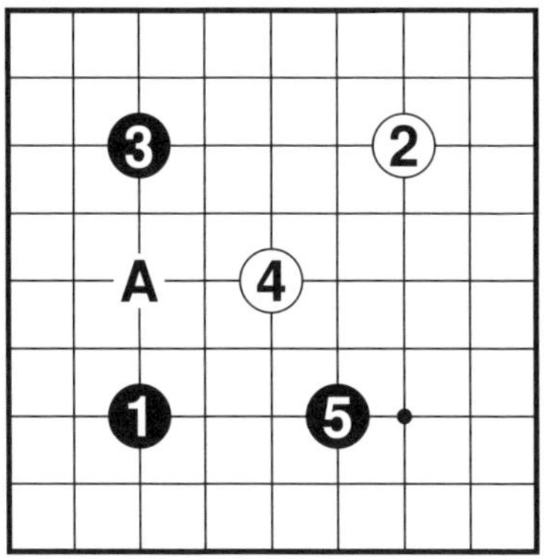

Figur 1

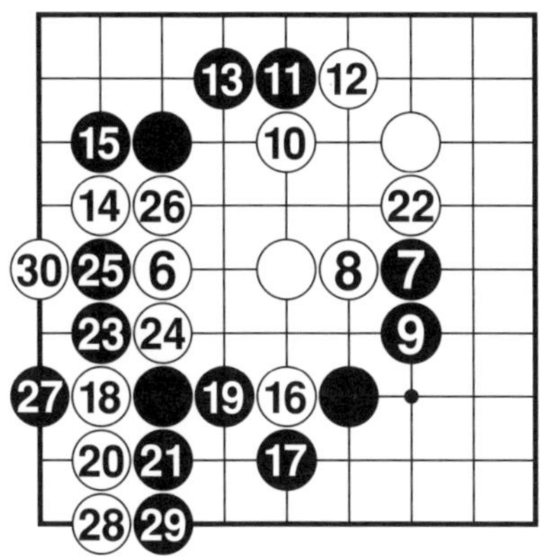

Figur 2

In der Fortsetzung (Figur 2) sichert sich der schwarze Spieler eine große Ecke rechts unten. Weiß verpasst nach Schwarz 15 die Möglichkeit, die schwarze Ecke links oben zu töten. Diagramm 1 zeigt, wie Weiß hier spielen könnte, denn nach Weiß 5 hat die schwarze Gruppe in der Ecke nur ein Auge.

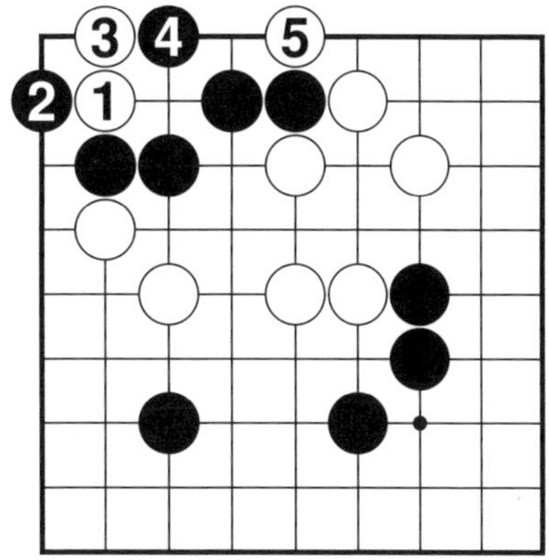

Diagramm 1

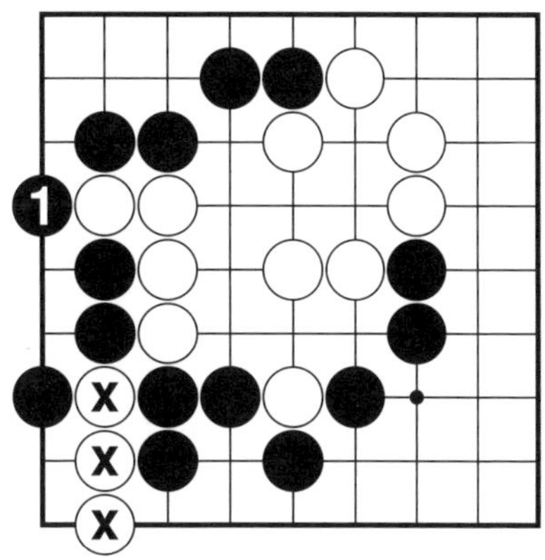

Diagramm 2

Wie muss Weiß reagieren, wenn Schwarz statt 29 in der Partie auf 1 in Diagramm 2 spielt, um auf diese Weise nicht nur die schwarzen Steine anzubinden, sondern auch die drei markierten weißen Steine zu fangen? Finden Sie das Tesuji, das die weißen Steine rettet?

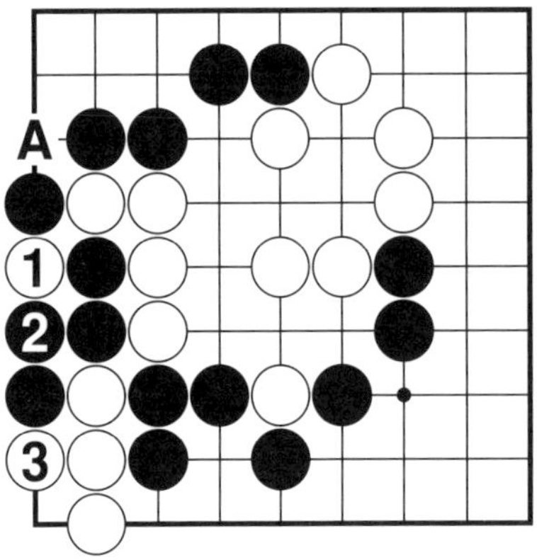

Diagramm 3

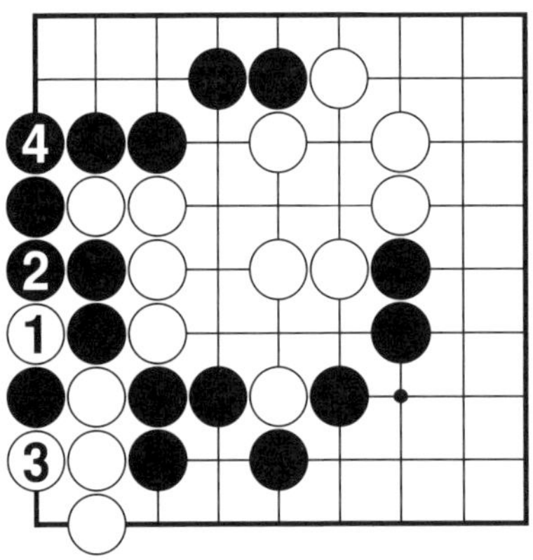

Diagramm 4

Richtig, das Einwerfen auf 1 in Diagramm 3 ist das Tesuji. Es gibt Atari auf die zwei schwarzen Steine. Wenn Schwarz mit 2 den weißen Stein schlägt, dann gibt Weiß 3 Atari auf vier schwarze Steine. Schwarz kann nun nicht auf 1 decken, denn dann schlägt Weiß sechs schwarze Steine auf A.

Weiß 1 in Diagramm 4 ist dagegen kein Tesuji. Wenn Schwarz mit 2 den weißen Stein schlägt, verbindet er seine Steine mit der Ecke. Das weiße Atari 3 ignoriert Schwarz und deckt auf 4. Selbst wenn Weiß nun den einzelnen Stein schlägt, ist er von der Zentrumskette abgeschnitten und hat zudem nur ein Auge. Die vier weißen Steine sind verloren.

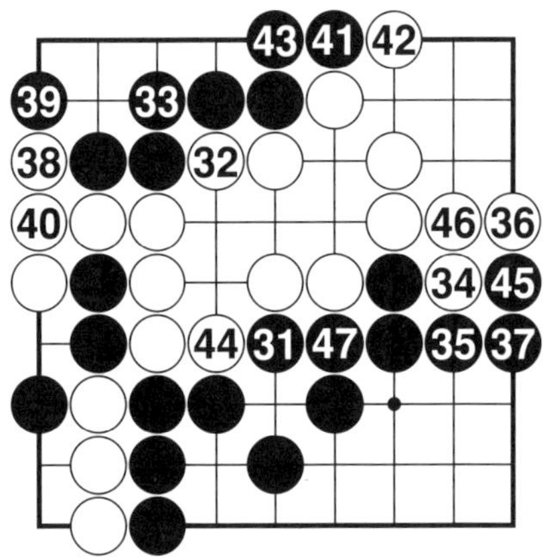

Figur 3

Figur 3 zeigt das Ende der Partie. Schwarz 33 ist ein Fehler, aber Weiß verpasst wieder die Chance, die schwarze Ecke zu töten. Schwarz sollte statt 33 auf 1 in Diagramm 5 spielen, denn dieser Zug bringt sicheres Leben in dem er die Fläche andeutungsweise in zwei Augen unterteilt. Ein Angriff von Weiß 2 wird jetzt mit Schwarz 3 beantwortet.

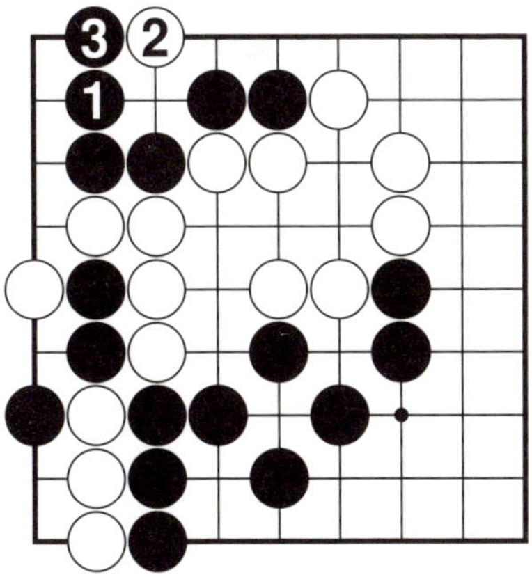

Diagramm 5

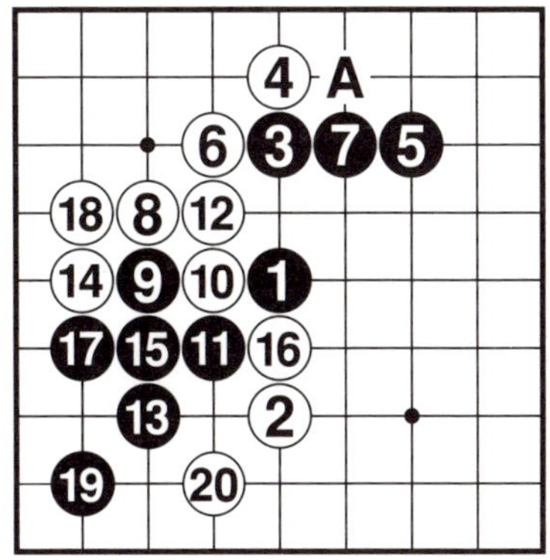

Figur 1

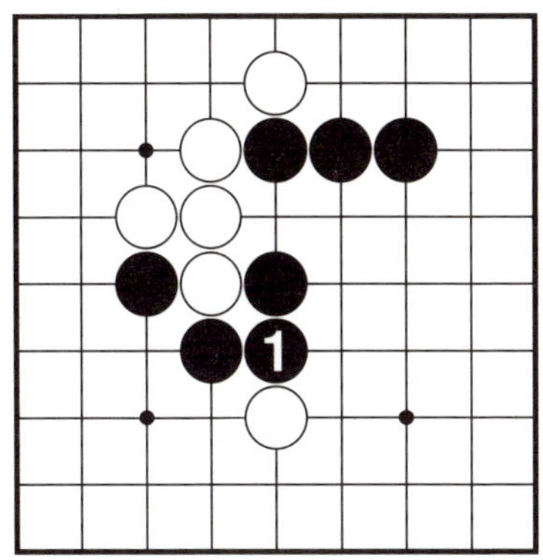

Diagramm 1

Der Abtausch von Schwarz 45 und Weiß 46 vor dem Decken auf 47 ist das korrekte Endspiel, denn Schwarz spielt erst die Vorhand und deckt anschließend den letzten Punkt. Die Partie endet jigo – unentschieden.

Partie Drei

In dieser Partie hat Weiß 4,5 Komi. Figur 1 zeigt die ersten 20 Züge der Partie. Nach Schwarz 7 steht der Stein 5 in schlechter Form. Man würde sich wünschen, dass 5 auf A steht und so Weiß daran hindert, in die rechte obere Ecke zu laufen.

Weiß 10 ist ein schöner Angriff, der beim Gegner gefährliche Schnitte erzeugt. Der schwarze Deckungssatz 13 dagegen ist schlecht. Zum einen kann Weiß den wichtigen Schnitt auf 16 spielen, zum anderen ist Weiß 14 Atari. Eine mögliche Alternative für Schwarz 13 zeigt Diagramm 1. Der Zug Schwarz 1 ist besser, da er die schwarzen Ketten verbindet und den einzelnen weißen Stein angreift. So schlägt er zwei Fliegen mit einer Klappe. Diagramm 2 zeigt, dass Schwarz nach Weiß 14 in der Partie immer noch den wichtigen Punkt 1 hätte spielen können. Wenn Weiß mit 2 einen Stein schlägt, dann fängt Schwarz den weißen Stein, der nun kaum noch eine Überlebenschance hätte. Auf diese Weise würde sich Schwarz eine deutlich größere Brettseite sichern und hätte einen guten Vorsprung.

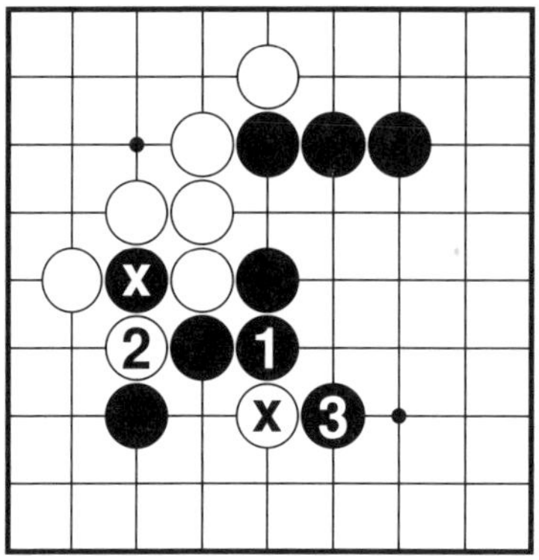

Diagramm 2

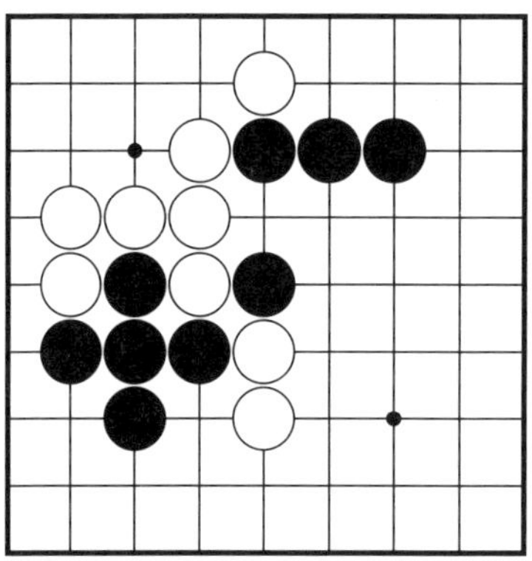

Diagramm 3

Nach Schwarz 19 und Weiß 20 in der Partie ist die schwarze Ecke links unten tot, denn sie hat keine zwei Augen. Wie sollte Schwarz statt 19 in der Partie nun in Diagramm 3 spielen?

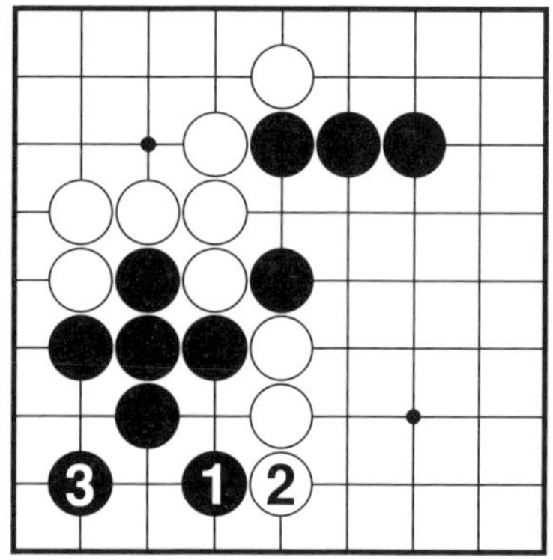

Diagramm 4

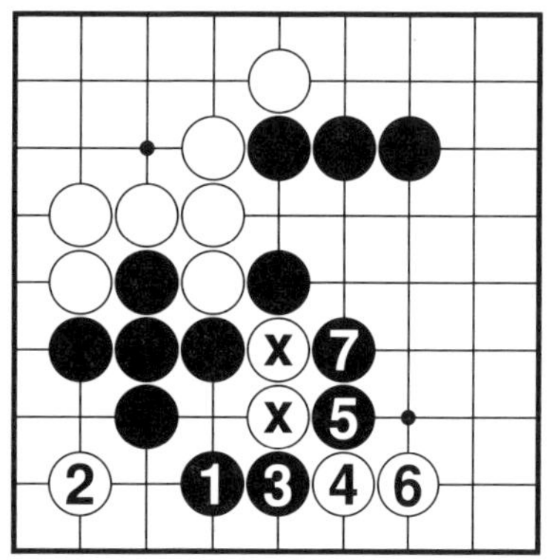

Diagramm 5

Schwarz 1 in Diagramm 4 ist die richtige Fortsetzung, denn sie macht soviel Platz für Augen wie nur möglich und droht gleichzeitig an, am Rand zu entkommen. Wenn Weiß mit 2 blockt, dann besetzt Schwarz 3 den lebenswichtigen Punkt, der die Ecke in zwei Augen unterteilt und lebt. Einen Gegenangriff wie in Diagramm 5 braucht Schwarz hier nicht zu befürchten.

Weiß 2 soll die Unterteilung in zwei Augen aufhalten. Aber Schwarz läuft mit 3 einfach weiter und fängt in der Abfolge bis 7 die zwei markierten weißen Steine.

Figur 2 zeigt die Fortsetzung der Partie. Weiß sichert mit 22 und 24 zuerst seine eigene Gruppe, bevor Weiß mit 30 und 32 die schwarze Ecke angreift und tötet. Weiß 30 verkleinert zuerst den Platz für zwei Augen und Weiß 32 ist das Tesuji, das die zwei Augen verhindert. Weiß gewinnt durch Aufgabe.

In der Partie hätte Schwarz mit 23 die Chance gehabt, die Ecke links unten zum Leben zu bringen. Diagramm 6 zeigt, wie Schwarz hier korrekt gespielt hätte. Schwarz 1 statt 23 in der Partie ist das Tesuji, das Leben bringt. Weiß 2 ist der stärkste Versuch, die schwarze Gruppe zu töten, aber nach Schwarz 3 und 5 hat Schwarz zwei Augen auf A und B. Weiß hätte jetzt Sente und könnte die Partie noch nach Punkten gewinnen.

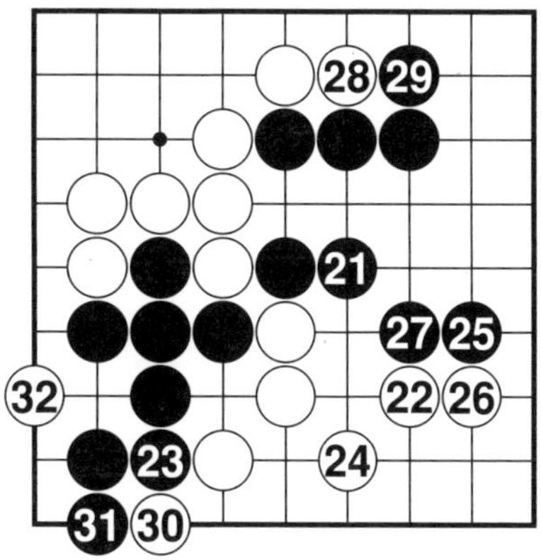

Figur 2

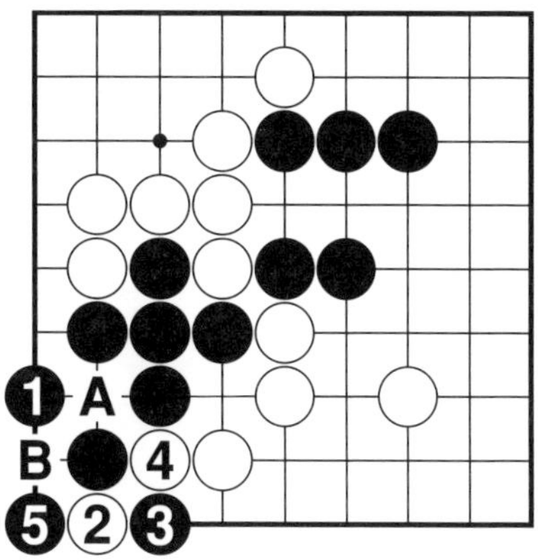

Diagramm 6

LÖSUNGEN

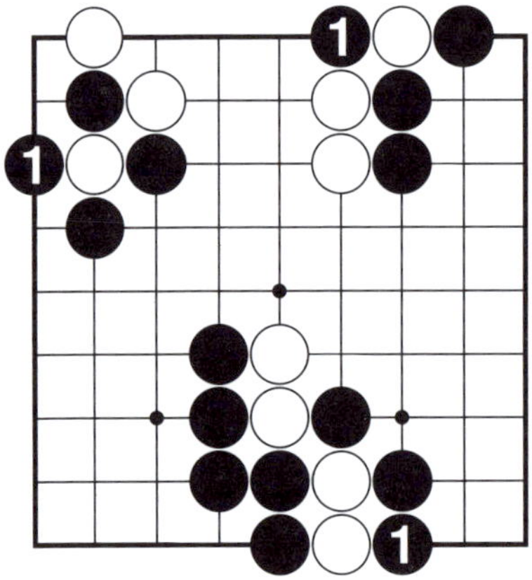

L 1

LÖSUNG 1: Richtig, mit Schwarz 1 können jeweils ein bzw. zwei Steine geschlagen werden.

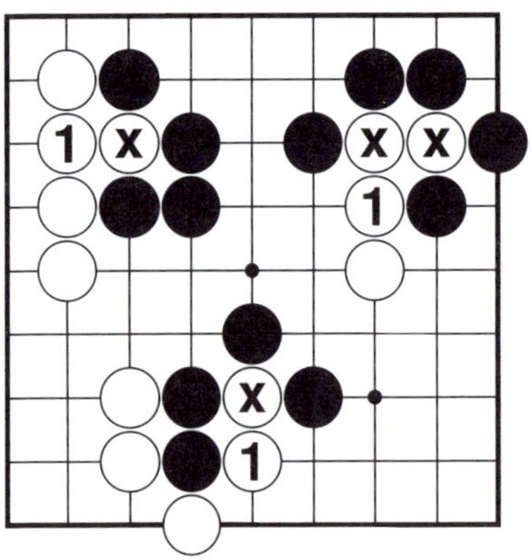

L 2

LÖSUNG 2: Weiß schützt mit 1 die markierten Steine davor, geschlagen zu werden.

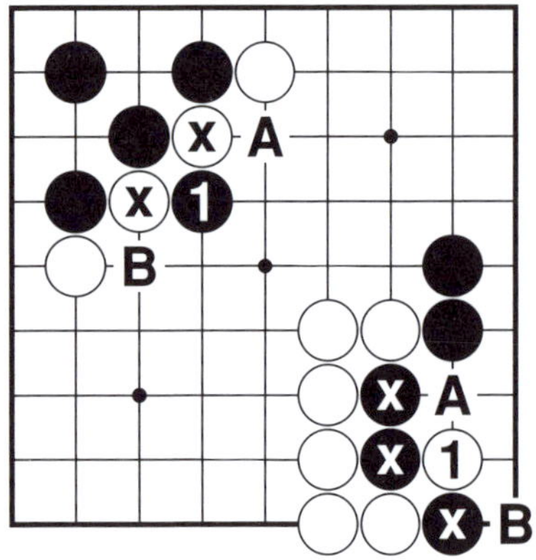

L 3

LÖSUNG 3: Schwarz 1 ist das Doppelatari und bedroht die beiden markierten Steine. Weiß kann nur einen von beiden Steinen auf A oder B verteidigen. Weiß 1 ist das zweite Doppelatari und bedroht die markierten schwarzen Steine.

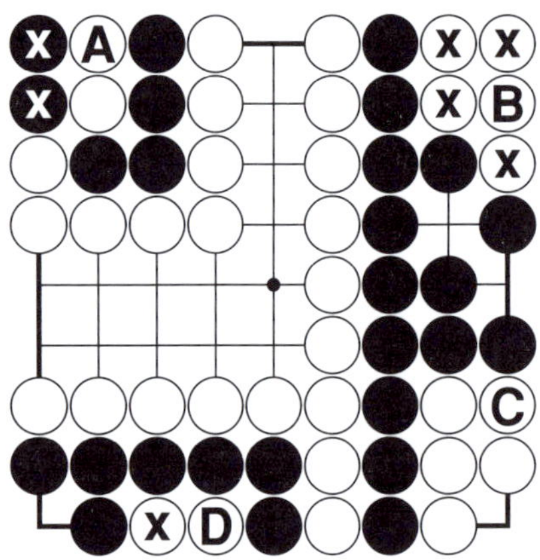

L 4

LÖSUNG 4: Weiß darf auf A spielen, denn er schlägt die zwei markierten schwarzen Steine. Zugleich werden die vier nicht markierten Steine geschlagen. Das Beispiel Weiß B ist nicht erlaubt, denn dann haben die fünf weißen Steine keine Freiheit mehr. Weiß C ist zulässig, da diese Steine noch eine Freiheit haben. Das Beispiel Weiß D ist verboten, denn dann haben die zwei Steine keine Freiheit mehr.

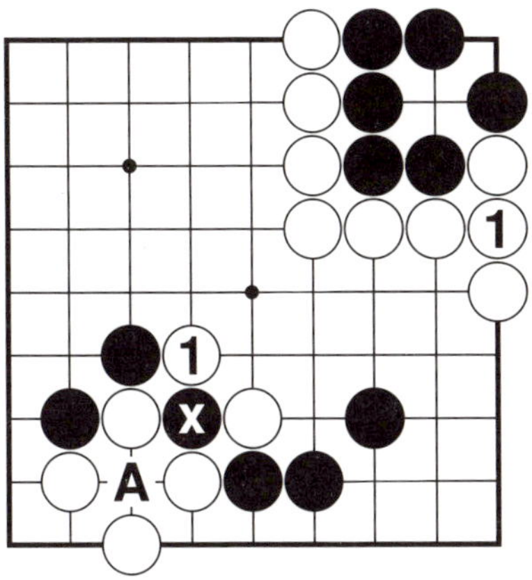

L 5

LÖSUNG 5: Weiß 1 beendet das Ko rechts oben durch Decken. Das Ko links unten beendet Weiß dagegen, indem er mit 1 den markierten Stein schlägt. Statt auf 1 kann Weiß auch auf A durch Verbinden das Ko beenden. Doch dies ist in der Regel nicht so gut, wie einen weiteren Stein zu schlagen.

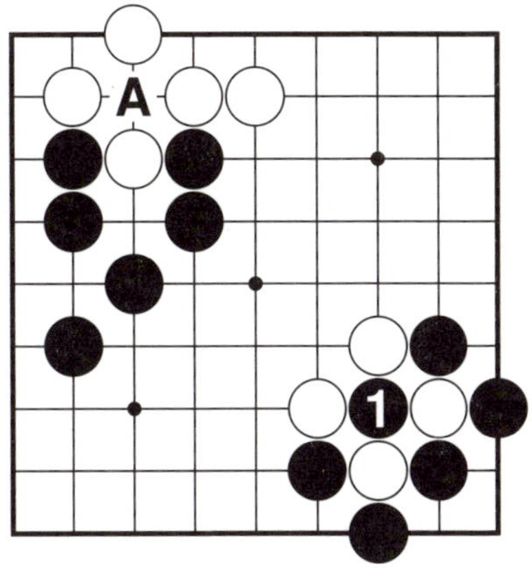

L6

LÖSUNG 6: Schwarz darf nicht auf A spielen, denn dies wäre Selbstmord. Schwarz 1 schlägt zwei Steine und Weiß kann nicht mehr zurückschlagen. Es handelt sich folglich nicht um ein Ko.

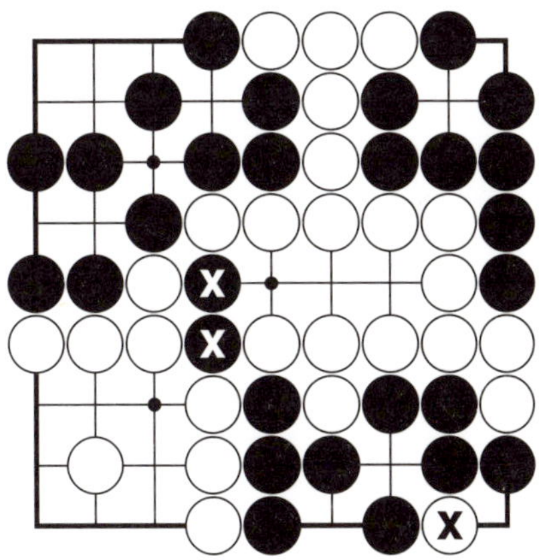

L 7 a

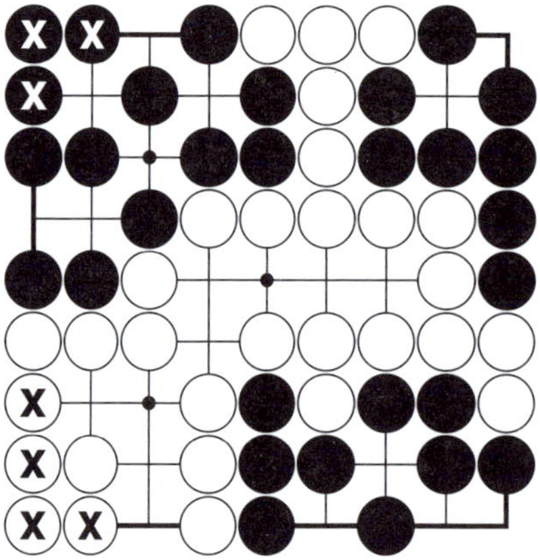

L 7 b

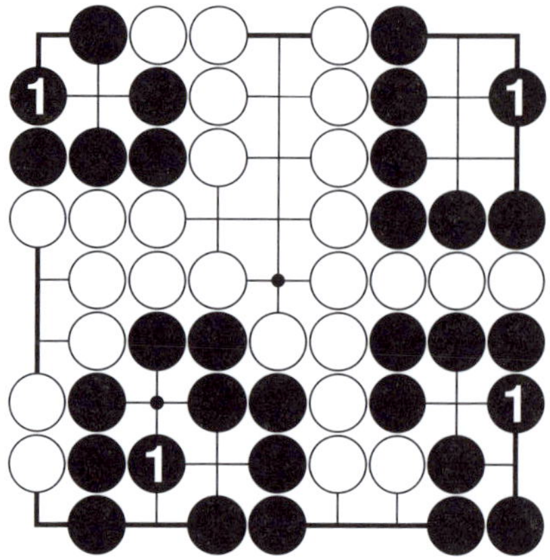

L 8

LÖSUNG 7: Die markierten Steine in Abbildung L 7 a auf Seite 117 sind gefangene Steine und werden vom Brett genommen. Zusammen mit den in der Partie geschlagenen Steinen werden sie in das gegnerische Gebiet zurückgelegt (Abb. L 7 b). Die verbleibenden Gebietspunkte werden gezählt. Schwarz hat zwölf Punkte. Weiß hat neun Gebietspunkte, zu denen noch vier Punkte Komi addiert werden. Insgesamt also 13 Punkte, Weiß gewinnt mit einem Punkt.

LÖSUNG 8: Schwarz 1 unterteilt die bis dahin einäugigen Gruppen in jeweils zwei Augen. Rechts oben hat Schwarz nach 1 zwar noch keine richtigen zwei Augen, aber die Gebietsfläche besteht nun aus einer (gebogenen) Reihe von fünf Punkten. Da vier Punkte in einer Reihe leben, gilt dies auch für fünf.

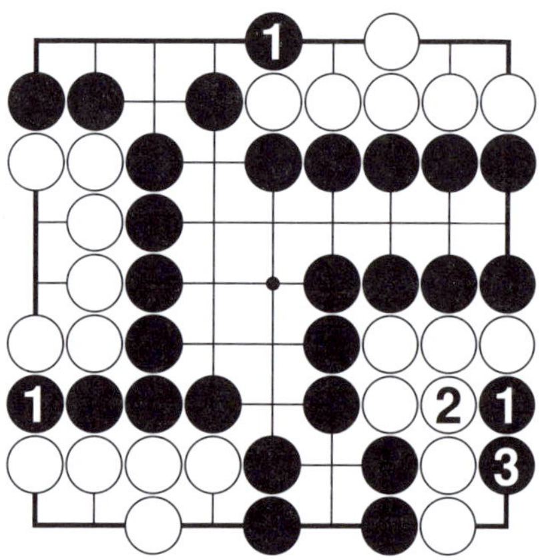

L 9

LÖSUNG 9: Schwarz 1 tötet die weißen Gruppen. Am linken Rand werden die weißen Steine in zwei einäugige Gruppen getrennt. Mit nur einem Auge sind beide Gruppen tot. Am oberen Rand verhindert Schwarz 1, dass Weiß hier ein zweites Auge bildet. Rechts unten gibt Schwarz 1 Atari auf vier Steine. Nachdem Weiß auf 2 verbindet, streckt Schwarz 3. Wollten Sie hier Schwarz 1 auf 3 spielen? Sehr gut: Sie haben die Mausefalle entdeckt!

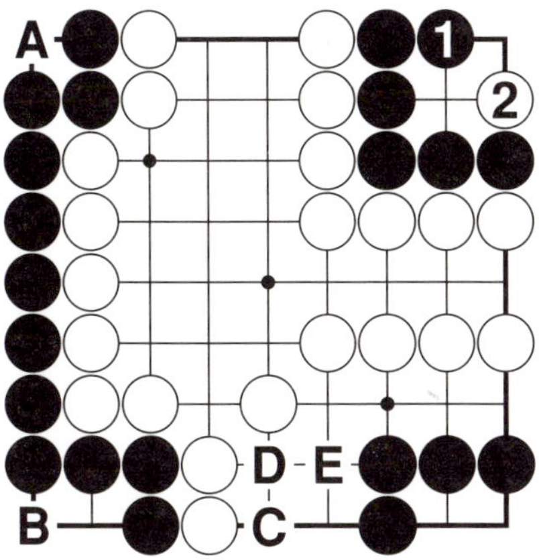

L 10

LÖSUNG 10: Die schwarze Gruppe am linken Rand lebt, denn sie hat zwei sichere Augen – eines auf A und eines auf B. Die Gruppe rechts oben ist tot, denn Schwarz kann das scheinbare Gebiet nicht in zwei Augen unterteilen. Beginnt er mit 1, dann spielt Weiß mit 2 auf den Mittelpunkt der verbleibenden drei Punkte und unterbindet so die Unterteilung in Augen.

Die Gruppe links unten hat ebenfalls nur ein Auge. Um ein zweites Auge „anzubauen", müsste Schwarz die Punkte C bis E besetzen. Da aber immer abwechselnd gesetzt wird, ist davon auszugehen, dass Weiß verhindern wird, dass Schwarz alle drei Punkte besetzen kann. Diese schwarze Gruppe ist folglich tot.

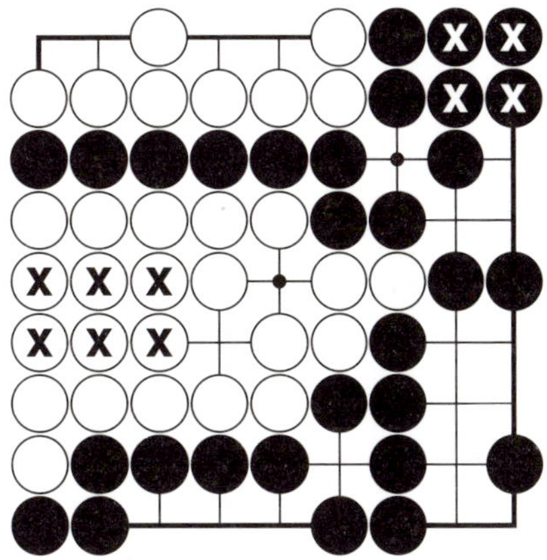

L 11

LÖSUNG 11: Nachdem die toten Steine vom Brett genommen wurden, werden sie zusammen mit den in der Partie geschlagenen Steinen in das gegnerische Gebiet zurückgelegt (siehe die markierten Steine). Die verbleibenden Punkte werden gezählt. Schwarz hat 15 Punkte. Weiß hat sechs Gebietspunkte plus 4,5 Komi, insgesamt 10,5 Punkte. Schwarz gewinnt mit 4,5 Punkten.

BEISPIEL KO-KAMPF
Die Lösung des Ko-Kampfes von Seite 81 lautet: Weiß gewinnt mit 6,5 Punkten.

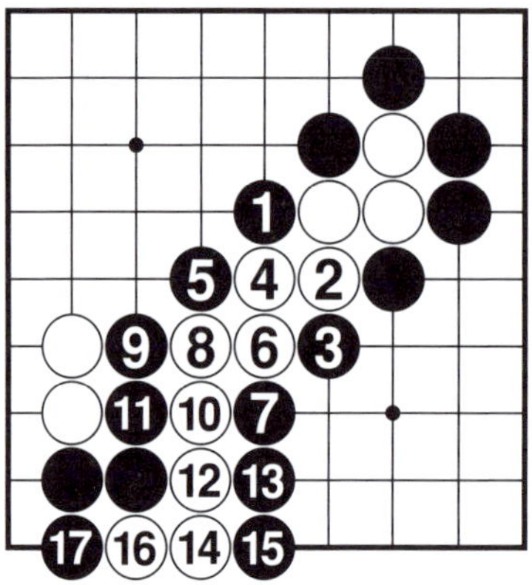

L 12

LÖSUNG 12: Schwarz kann Weiß in einer Treppe fangen, wenn er mit 1 beginnt und wie in Abbildung L 12 gezeigt weiterspielt. Besonders wichtig ist, dass Schwarz 11 richtig gespielt wird. Wenn Schwarz mit 11 stur dem Treppenmuster folgt und auf 12 setzt, dann kann Weiß auf 11 verbinden. Daher ist Schwarz 11 in der Lösung richtig.

LÖSUNG 13: Weiß 1 links oben fängt zwei schwarze Steine in einem Netz. Sie können aus diesem Netz nicht mehr entkommen. Weiß 1 rechts unten fängt drei schwarze Steine in einer Mausefalle. Auch diese schwarzen Steine können nicht mehr entkommen.

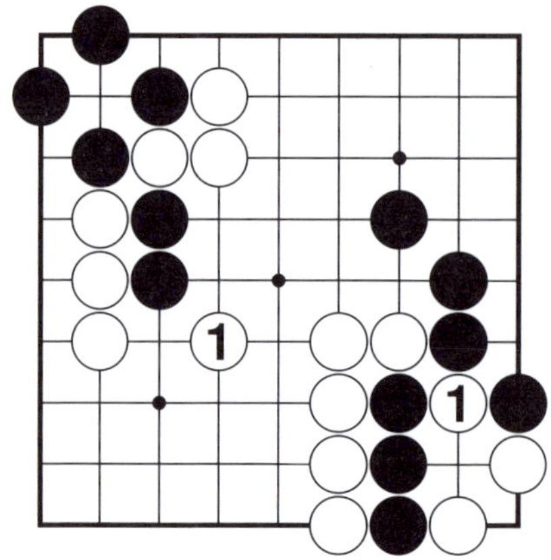

L 13

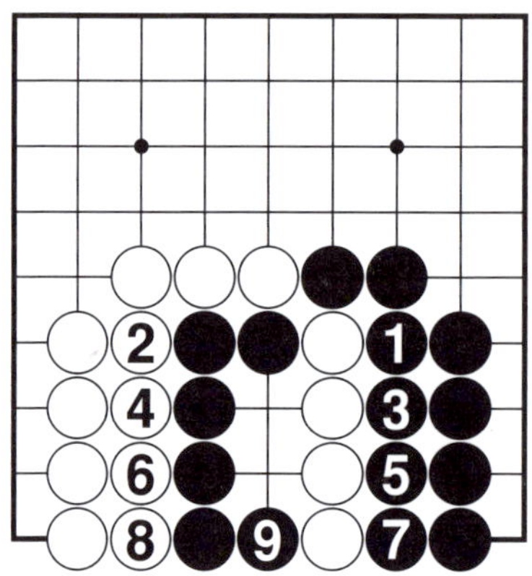

L 14

LÖSUNG 14: In der Folge von Schwarz 1 bis 9 entsteht ein Seki. Keiner der beiden Spieler kann sich danach weiter annähern, ohne sich selbst in Atari zu setzen.

LÖSUNG 15: Schwarz 1 ist der richtige Stein. Haben Sie ihn auch gefunden? Oder wollten Sie auf 2 das Atari decken, um zu verhin-

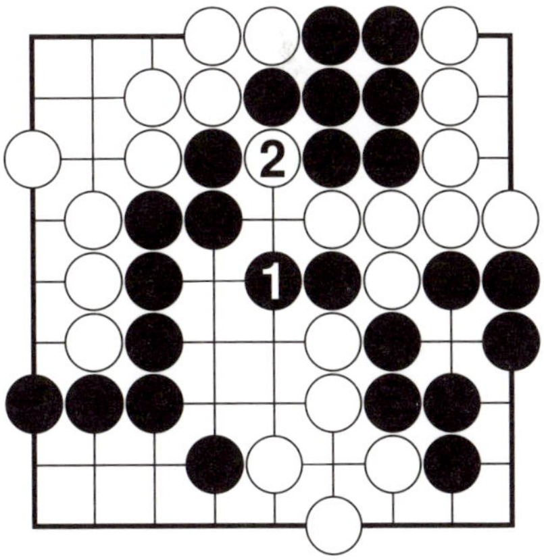

L 15

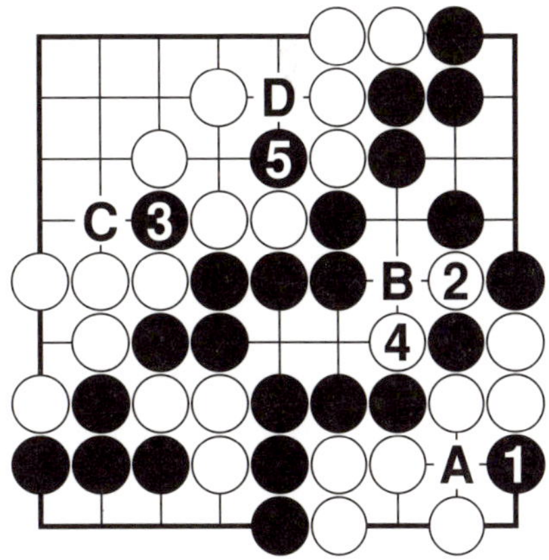

L 16

dern, dass der weiße Spieler sieben schwarze Steine schlägt? Das Decken des Atari mit Schwarz 2 wäre lokal ein sehr guter Zug, aber global ist Schwarz 1 der einzig richtige. Die fünf weißen Steine am unteren Brettrand haben nur ein Auge. Schwarz 1 schneidet die letzte Verbindungsmöglichkeit ab. Danach ist die gesamte untere Bretthälfte schwarzes Gebiet, etwa 30 Punkte. Weiß schlägt mit 2 zwar sieben schwarze Steine, aber dies reicht nicht, um die Partie zu gewinnen, denn er kommt mit Komi nur auf 28,5 Punkte. Wenn Schwarz dagegen die sieben Steine oben rettet, indem er auf 2 spielt, dann kann Weiß auf 1 schlagen und alle seine Steine verbinden und somit in Sicherheit bringen. Weiß hätte in diesem Fall 17,5 Punkte inklusive Komi, Schwarz nur etwa zwölf Punkte. In dieser Aufgabe zeigt sich, wie wichtig es ist, das gesamte Brett in die Beurteilung der Situation einzubeziehen.

LÖSUNG 16: Schwarz kann die Drohungen 1, 3 und 5 spielen. Schwarz 1 ist Atari, Weiß muss folglich decken. Schwarz 3 ist listig: deckt Weiß jetzt das Ko, dann kann Schwarz auf C Atari spielen und fängt sechs Steine. Weiß muss die Drohung auf 3 mit C beantworten. Schwarz 5 droht mit dem nächsten Zug auf D, vier weiße Steine zu schlagen. Weiß muss also selbst auf D decken.

Weiß hat nur die Drohungen 2 und 4. Beide bedrohen jeweils einen Stein. Auf Weiß 2 verteidigt Schwarz mit B, auf Weiß 4 antwortet Schwarz, indem er auf 2 setzt. Da Schwarz insgesamt über drei Drohungen und somit über eine mehr als Weiß verfügt, gewinnt Schwarz das Ko. Schwarz gewinnt die Partie mit einem halben Punkt.

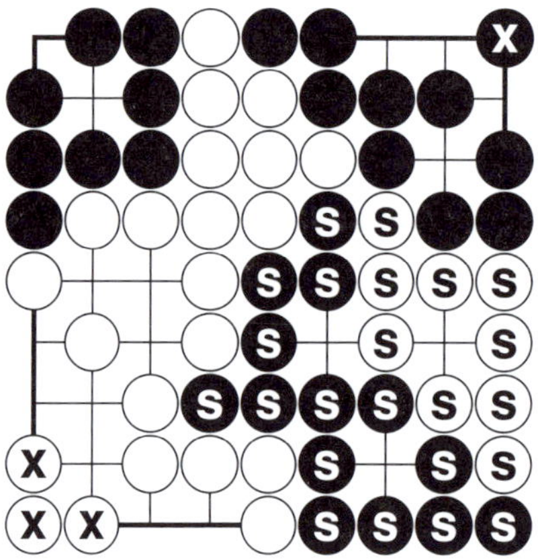

L 17

LÖSUNG 17: Weiß gewinnt mit drei Punkten. Beachten Sie, dass die mit s markierten Steine ein Seki bilden. Hier gibt es also keine Gebietspunkte. Nachdem die geschlagenen Steine auf das Spielfeld gesetzt wurden, verbleiben für Schwarz sechs Gebietspunkte und für Weiß neun.

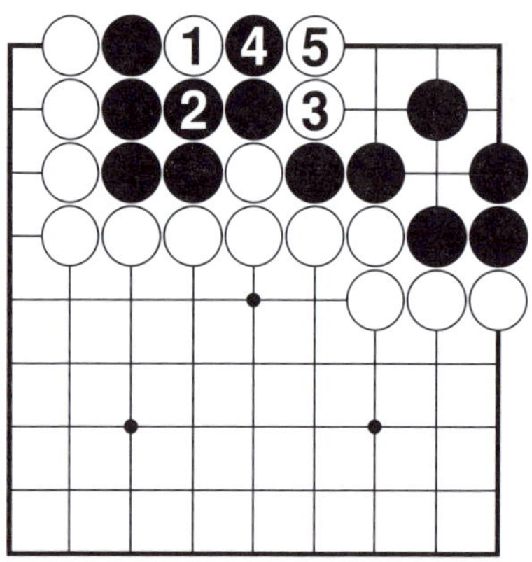

L 18

LÖSUNG 18: Weiß kann die schwarze Stellung noch erheblich reduzieren, indem er den Angriff auf Weiß 1 spielt. In der Abfolge bis 5 verliert Schwarz sieben Steine, denn nach 5 kann Schwarz das Schlagen der Steine nicht mehr verhindern.
Schwarz muss daher in der Ausgangsstellung noch einen Stein zur Verteidigung setzen, bevor Weiß den gezeigten Angriff ausführen kann. Am besten spielt er hierfür auf 3.

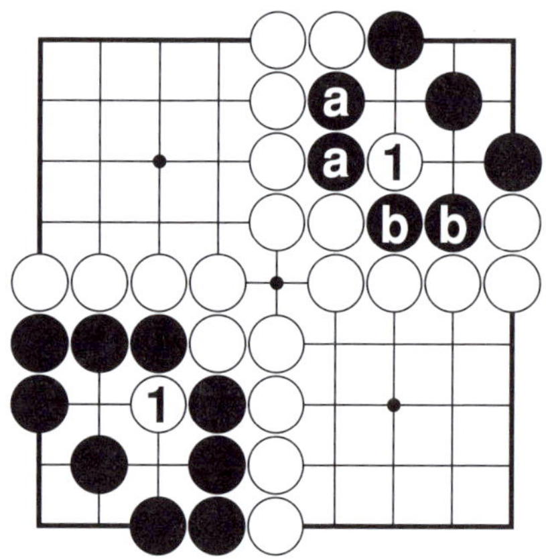

L 19

LÖSUNG 19: Weiß 1 in der rechten oberen Ecke ist ein Doppelatari. Schwarz kann nur die Steine a oder die Steine b verteidigen. Doch selbst wenn Schwarz zwei Steine sichert und Weiß die anderen beiden Steine geschlagen hat, ist die gesamte schwarze Ecke tot, da sie nur ein Auge hat. Schwarz muss also auf Weiß A in der Aufgabenstellung noch einmal verteidigen. Am besten spielt er hierfür selbst auf 1 in der Lösung. Der Punkt A war also kein neutraler Punkt. Schwarz hätte diesen Punkt besser selbst rechtzeitig besetzen sollen. Weiß 1 in der linken Ecke verursacht keinen Schaden. Im Gegenteil, Weiß 1 wäre jetzt ganz einfach gefangen. Punkt B in der Aufgabenstellung war daher ein neutraler Punkt.

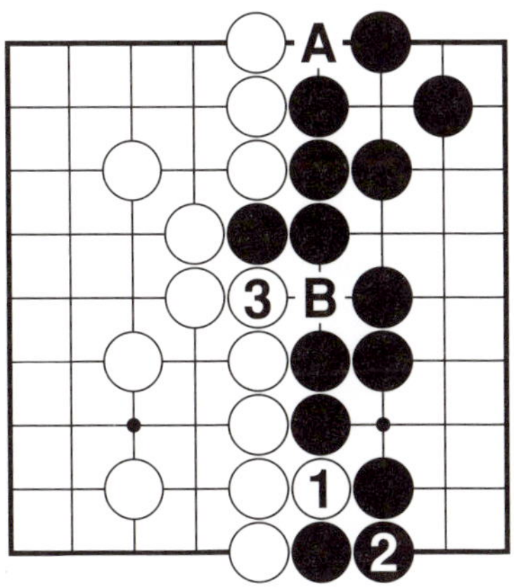

L 20

LÖSUNG 20: Weiß 1 ist eine Vorhand, denn wenn Schwarz nicht mit 2 verteidigt, dann wird Weiß hier einen Stein schlagen und die Grenzbefestigung durchbrechen. Weiß 3 verhindert, dass Schwarz hier noch einen Punkt im Endspiel machen kann. Aber der Zug ist Nachhand, denn Schwarz muss darauf nicht mehr reagieren. Die Punkte A und B sind neutrale Punkte, denn ihr Besetzen hat keinen Einfluss auf das Endergebnis.

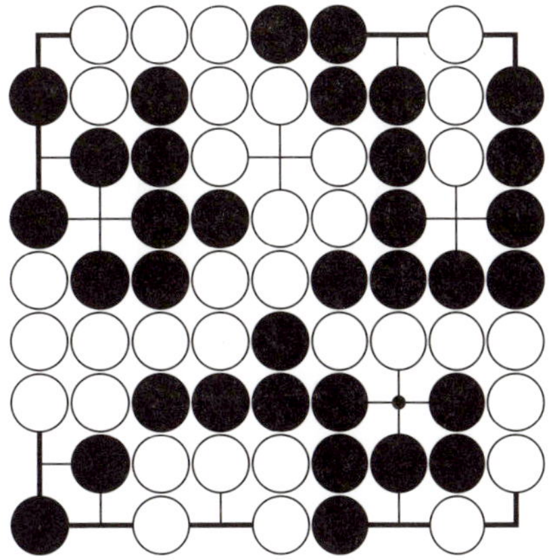

L 21

LÖSUNG 21: Unglaublich, aber wahr: Alle Steine in der Abbildung leben! Obwohl keine der abgebildeten Gruppen zwei Augen hat, leben sie, denn die Stellung ist ein Ganzbrett-Seki. Dies bedeutet: Alle Steine leben, weil sie vom Gegner nicht gefangen werden können. Es gibt hier auch kein Gebiet, da es nach japanischen Regeln in einem Seki keine Gebietspunkte gibt.

Wenn Sie nicht glauben, dass keine der Steingruppen gefangen werden kann, dann probieren Sie es ruhig aus!

Glossar

A

Aji: Geschmack, Ansatzpunkt, Potenzial. Eine Stellung hat Aji, wenn es noch eine Schwachstelle gibt.

Aji Keshi: Das Aji zerstören; den Gegner zwingen, seine Schwachstelle zu beseitigen, ohne einen Vorteil daraus zu erlangen.

Atari: Das Besetzen der vorletzten Freiheit einer Gruppe. Steine stehen in Atari, wenn sie nur noch eine Freiheit haben.

Auge: Eine Fläche von Innenfreiheiten. Für eine sichere Stellung sind zwei Augen erforderlich.

B

Baduk: Koreanischer Name für Go.

Bambus: Gute Form zum Verbinden von Steinen.

Byo-Yomi: Nach der regulären Bedenkzeit gewährte Nachspielzeit.

C

Chuban: Mittelspiel.

D

Dame: Nutzloser oder neutraler Punkt, dessen Besetzen keinen Vorteil bringt.

Dan: Meistergrad.

E

Einfluss: Konzept im Go. Steine, die kein Gebiet erobern, aber deren Wirkung auf dem Brett zu spüren ist.

F

Freiheit: Freie, unbesetzte Nachbarschnittpunkte eines Steins oder einer Kette.

Furikawari: großer Gebietsaustausch.

Fuseki: Eröffnung.

G

Geta: Netz; Satz um Steine geschickt zu fangen.

Goban: Japanischer Go-Tisch.

Goke: Holzdosen zur Aufbewahrung der Steine des Go-Spiels.

Gote: Nachhand.

H

Han Kuk Kiwon: Der koreanische Go-Verband für Profi-Spieler.

Honinbo: Name einer Go-Schule im alten Japan. Heute Titel eines bedeutenden japanischen Go-Turniers.

Hoshi: Stern; Vorgabepunkt.

I

Insei: Bezeichnung für Profi-Schüler in Japan.

Igo: Japanischer Name für Go.

J

Jigo: Unentschieden.

Joseki: Festes Eckabspiel; standardisierte Sequenzen in der Ecke, die ein für beide Seiten ausgeglichenes Ergebnis bringen.

Jubango: Wettkampf, bei dem zwei Spieler eine Serie von zehn Partien spielen.

K

Kakari: Allgemein für Eckangriff.

Keima: Rösselsprung; Springersatz.

Kifu: Partiemitschrift.

Komi: Ausgleichpunkte; um den Vorteil des ersten Zugs von Schwarz auszugleichen, erhält Weiß in Gleichaufpartien vier bis sechs Punkte zusätzlich; oft werden halbe Punkte vergeben, um ein Jigo zu verhindern.

Kosumi: Diagonalzug.

Kyu: Schülergrad.

L

Leben und Tod: Bedeutendes Konzept im Go. Lebende Steine umschließen Punkte; tote Steine zählen als Minuspunkte.

M

Mausefalle: Besondere Technik zum Fangen von Steinen.

Miai: Zwei gleichwertige Punkte; besetzt ein Spieler den einen Punkt, nimmt der andere den zweiten Punkt.

Moyo: Großräumige Andeutung von Gebiet.

N

Nigiri: Auslosen der Steinfarben vor dem Partiebeginn.

P

Ponuki: Position, die entsteht, wenn ein einzelner Stein von vier gegnerischen geschlagen wird.

R

Ratingliste: Liste zur Bewertung von Go-Spielern; vergleichbar den ELO-Werten im Schach.

S

Seki: Pattsituation; keiner kann setzen, ohne selbst geschlagen zu werden.

Selbstmord: Setzen eines Steins, der keine Freiheiten mehr hat und somit wieder vom Brett genommen werden müsste. Selbstmordzüge sind nicht zulässig.

Semeai: Wettlauf; Kampf zweier nicht lebender Gruppen, die sich durch Besetzen der gegnerischen Freiheiten zu retten versuchen.

Sente: Zug, den der Gegner beantworten muss.

Shicho: Treppe, Leiter; treppenförmige Satzfolge.

Shimari: Eckeinschluss mit zwei Steinen.

T

Tengen: Mitte des Himmels, Brettmittelpunkt.

Tenuki: Fernbleiben; einen gegnerischen Satz nicht beantworten.

Tesuji: Geschickter Satz; Satz, der in einer lokalen Stellung, das Beste herausholt.

Tewari: Analysemethode; durch Umstellung wird ermittelt, ob die Abfolge gut oder schlecht war.

Tigerrachen: Gute Form aus drei Steinen.

Y

Yomiuri Shimbun: Japanische Zeitung, die als Sponsor für Go auftritt.

Yose: Endspiel.

Go in Deutschland

Deutscher Go-Bund e.V.
Postfach 60 54 54
22249 Hamburg
E-Mail: info@dgob.de
Web: www.dgob.de

Der Deutsche Go-Bund (DGoB) existiert als eingetragener Verein seit fast 60 Jahren und ist der Dachverband der Landesverbände. Gemeinsames Vereinsziel aller Go-Verbände in Deutschland ist die Organisation des Go-Lebens und selbstverständlich die Verbreitung des Go.

Der DGoB nimmt als Dachverband in erster Linie überregionale Aufgaben wahr, wie z.B. die Herausgabe der für alle Mitglieder kostenlosen Deutschen Go-Zeitung (DGoZ), die Organisation von Meisterschaften und Pokalturnieren, die Kontakte zu anderen internationalen Go-Verbänden und die Präsentation des Go in der Öffentlichkeit (DGoB-Website, Medienkontakte, usw.).

Die Landesverbände des DGoB verbreiten das Go u.a. durch die Unterstützung der regionalen Go-Gruppen (Spielabende) und der lokalen Go-Turniere.

Baden-Württemberg
E-Mail: lv-bw@dgob.de

Bayern
E-Mail: lv-bayern@dgob.de

Berlin
E-Mail: lv-berlin@dgob.de

Brandenburg, Sachsen, Thüringen
E-Mail: lv-bst@dgob.de

Bremen
E-Mail: lv-bremen@dgob.de

Hamburg
E-Mail: lv-hamburg@dgob.de

Hessen
E-Mail: lv-hessen@dgob.de

Mecklenburg-Vorpommern
E-Mail: lv-mv@dgob.de

Niedersachsen
(mit Sachsen-Anhalt)
E-Mail: lv-ns@dgob.de

Nordrhein-Westfalen
E-Mail: lv-nrw@dgob.de

Rheinland-Pfalz
E-Mail: lv-rp@dgob.de

Schleswig-Holstein
E-Mail: lv-sh@dgob.de

Weitere Lektüre

Das leere Brett

Obgleich das Go-Spiel viel älter ist als der Buddhismus, wurde es von Buddhisten als anschauliche Verkörperung von Grundprinzipien der buddhistischen Sicht auf die Wirklichkeit und das Leben erkannt.
Die buddhistische Philosophie beruht auf vier grundlegenden Prinzipien: Leere, Unbeständigkeit, wechselseitige Abhängigkeit und Nicht-Selbst. Jedes dieser Prinzipien ist auf unmittelbare Weise im Go-Spiel enthalten.

William S. Cobb, emeritierter Professor für Philosophie am College of William and Mary, betrachtet in diesem Buch das Spiel aus verschiedensten Blickwinkeln und zeigt dabei, wie es aufgrund dieser Prinzipien den Spielern die Erfahrung einer Weltsicht ermöglicht, die sich von der im Westen verbreiteten deutlich unterscheidet.

2012, 152 Seiten
ISBN 978-3-940563-01-9

Meijin

Go ist das komplexeste Spiel, das die Menschheit hervorgebracht hat, es kam vor etwa 4000 Jahren in China ans Licht der Welt. So wie die Schrift wurde auch die Kunst des Go-Spiels früh nach Japan importiert und gelangte in der Edo-Zeit zur vollen Blüte.
Bereits im 17. Jahrhundert entstanden professionelle Strukturen, und der Meijin, der konkurrenzlose Meister, verkörpert das traditionelle System wie kein anderer: Er ist der Unbesiegbare, die Lichtgestalt des Geistes.
Doch er verliert seine letzte Partie gegen den jungen, aufmüpfigen Kitani Minoru, der in diesem Buch den Namen Otake trägt.
1938 beobachtete Kawabata die Begegnung zwischen altem und neuem Japan. In „Meijin“ beschreibt er das Ringen von Tradition und Moderne, von Ästhetik und Pragmatismus.

Kawabata Yasunari (1899 – 1972) erhielt 1968 als erster Japaner „für seine Erzählkunst, die mit feinem Gefühl japanisches Wesen und dessen Eigenart ausdrückt” (Begründung des Komitees) den Nobelpreis für Literatur verliehen.

2015, Hardcover, 176 Seiten
ISBN 978-3-940563-22-4